目次

はじめに　モデル「喪失」と「創出」の時代

西洋基準・西洋モデルの限界が見えてきた

今日、日本社会は、モデル「喪失」と「創出」の時代を迎えている。それは、明治以降の近代日本が、西洋基準のもと、欧米に追いつく努力をしてきたのに対し、西洋文明の限界が見えてきたことによる。すなわち、西洋モデルが大きく動揺しているのである。

それは、欧米主導の「グローバリズム」が、「平和」「環境」「流行病」「人権」など、地球規模で深刻な問題に遭遇し、地域・国家・民族・宗教などの格差・緊張を拡大しているからである。

これらの諸問題は、世界を単純に二分する「二元論」や「善悪論」では解決できず、むしろ、高度な政治力・調整力が必要とされる。そのためには、さまざまなレベルでの個性化（多様性）と画一化（共通性）のバランスが求められる。このバランス・共存の達成こそ、世界規模での平和実現の基礎となり、日本の役割もそこに求められるのである。

時代区分論

さて、一般的に日本史の時代区分は、古代、中世、近世、近代とされ、「明治維新」を画期として、近世と近代の間に、大きな断絶を見る。すなわち、偉大な「明治維新」により、江戸時代の封建制が破砕され、日本は近代＝西洋化の道を歩み始める、と考えるのである。

ところが、近年これとは異なる時代区分と、「江戸イメージ」が強まっている。それは、江戸時代に、貨幣経済の進展、文字の普及など顕著な発展がみられ、古代以来の神仏や自然による支配が急速に低下する。豊臣秀吉の「惣無事《そうぶじ》」（武力による問題解決の禁止）を引き継ぐ「徳川の平和 パクストクガワーナ Pax Tokugawana」により、武力ではなく「法」による統治を展開した、というものである。

むしろ、戦国動乱を画期として、近世・江戸時代は初期近代（アーリーモダン early modern）と捉えられるようになったのである。すなわち、江戸時代イメージは「封建から初期近代へ」、「近代との断絶から連続へ」と、大きく変わってきているのである。

「江戸イメージ」の変化

この新たな見方によれば、「江戸日本 Edo Japan」は、慶長八年（一六〇三）から慶応三年（一八六七）

までの足かけ二六五年の大部分が、国内・対外的に戦争のない「平和」「文明化」の時代として特徴づけられる（大石学『新しい江戸時代が見えてくる―「平和」と「文明化」の二六五年―』吉川弘文館、二〇一四年）。

一六世紀の約一〇〇年にわたる戦国時代は、多くの武将・英雄を生み出した。しかし、戦国の英雄・ヒーローは、いうならば、より多く人を殺し土地を奪った人たちである。こうした価値が横行した時代を克服し、江戸時代には、これらの行為は犯罪とされ、罰されるようになる。武器は国家規模で管理され、唯一武器の保持を認められた武士たちも、自らの判断で勝手に使用することは、厳しく禁じられたのである。

この国家規模の「平和」に注目することにより、江戸イメージは、従来の近代社会との断絶に注目する「封建制」＝領主（武士）による農民の支配・抑圧から、近代との連続を評価する「初期近代《アーリーモダン》」＝近代の準備、近代化の第一歩と、捉えられるようになったのである。すなわち、江戸時代の武士は、兵農分離や転封政策によって在地性を失い官僚化し、領地の農民との関係は、文書主義・契約主義など、恣意が働きにくいシステムへと変更された。民衆の一揆・騒動などは、領主の領内不取締りとされ、御家断絶や減封などの処罰理由とされた。このため、安全第一、御家第一の前例主義や横並び主義の官僚的支配が普及したのである。しかも、武士たちの多くは、自領地からの年貢ではなく、幕府や藩から蔵米（サラリー）を与えられる存在となっていた。

こうした官僚的支配と、長期の「徳川の平和」を基礎から支えたのが、「江戸の教育力」であった。

「江戸の教育力」は、武力による問題解決を禁止し、法にもとづく解決や秩序を広め、社会を「文明化」させた。江戸時代の武器不使用やリテラシー向上による秩序維持は、世界を見てきた多くの来日外国人が高く評価するところである。

江戸時代は終わらない

前述のごとく、江戸時代は、長い間、明治維新以降の近代社会と対比的に、貧困、抑圧、差別などをともなう「封建時代」と捉えられてきた。この江戸イメージのもと、弱者を苦しめる代官や悪徳商人などを、正義の刀が次々と倒す、「勧善懲悪」の時代劇が、長く作られてきた。こうしたイメージが定着した理由の一つとして、明治政府以降の政権が、自らの「近代化」「文明化」を強調し、それ以前の遅れた社会との断絶を強調してきたことがある。

しかし、新たな江戸イメージのもと、時代劇もまた、庶民の日常生活や人間関係を、リアルに描く作品が増えてきている。新たな江戸イメージによれば、江戸時代は、これまで想像されていた以上に、豊かで成熟していたのである。

さらに、江戸時代の社会の特徴は、明治維新によって終わるのではなく、「江戸的」なものとして、途切れることなく現代に続いている。たとえば、江戸の首都機能は、そのまま東京へと引き継がれ、各地の城下町の多くも、県庁所在地あるいは地域の中核都市として機能している。

官僚制も江戸以来の制度・システムを多く引き継いでいる。高級官僚である大名の多くは、参勤交代制度のもと、「江戸生まれ」「江戸育ち」となり、国元よりも江戸に親しんでいた。一年おきの江戸と国元の往復は、大名のリーダーシップも弱らせ、実際に藩を動かしたのは、国家老・江戸家老以下の藩官僚たちであった。維新後の新政府は、内政と外交のノウハウを蓄積してきた旗本など幕府官僚の力を借りなければ国家運営をできず、地域行政も藩官僚の力に頼らざるを得なかったのである。

家族という社会の基礎単位が安定したのも江戸時代である。一六世紀末、全国に展開した豊臣秀吉の太閤検地により、家族単位で土地が公認され、以後、江戸時代を通じて、家族が、生活・生産の基本となり、家系、家産、家風、家紋、墓、家訓などの家制度が社会に普及する。この家制度の延長上に、今日の私たちの生活がある。長男が家を継ぐ、跡継ぎがいない場合は養子をもらうなどの意識や習慣は、江戸以来のものである。

江戸時代の同業者組合「株仲間《かぶなかま》」(業界)も存在する。江戸時代の「業界」は、株仲間として株の数を設定し、業界を維持するために幕府や藩に献金し、特権を得た。勝手に開業することは許さず営業権を示す鑑札を取得しなければならない業界のルールが確立したのである。

今日、災害などのさい、被災者を思い支える、共同意識、相互扶助意識も江戸以来のものである。自身も厳しい環境にいるのに、他の辛い人々を思うことは、難しいことであり、世界の賞賛を受けるところでもある。

私たちは、江戸時代と地続きの時代、隣り合わせの時代に生きている。江戸時代は私たちの生活を基礎づけるさまざまな制度・システム・意識をつくり出したのである。明治以降、日本政府・日本社会が追求してきた西洋モデルが矛盾・限界を露呈する一方、グローバル化の中で江戸以来の日本型の制度・システム・意識が変質・解体しつつある今日、私たちは、新たなモデル創出に向けて、あらためて江戸のもつ歴史的意味を、世界に発信していく必要があるのである。

図1　徳川将軍家十五代系図

①家康《いえやす》―②秀忠《ひでただ》―③家光《いえみつ》―④家綱《いえつな》＝⑤綱吉《つなよし》＝⑥家宣《いえのぶ》―⑦家継《いえつぐ》＝⑧吉宗《よしむね》―⑨家重《いえしげ》―⑩家治《いえはる》―⑪家斉《いえなり》―⑫家慶《いえよし》―⑬家定《いえさだ》＝⑭家茂《いえもち》＝⑮慶喜《よしのぶ》

①　将軍代数
―実子
＝養子

I

日本史の転換点

―「神仏」「自然」「戦争」から「文明」へ―

1 家康はなぜ江戸を選んだのか

一八世紀初頭、江戸は人口一〇〇万を超える世界最大級の巨大都市《メガロポリス》に成長した。古代・中世の都・京都から遠く離れた東国の小さな城下町の歴史的達成である。

家康はなぜ江戸を選んだのか

徳川家康が江戸に入ったのは、関ヶ原の戦いの一〇年前、天正一八年（一五九〇）八月一日である。家康は豊臣秀吉《とよとみひでよし》の命令により、戦国大名小田原《おだわら》（神奈川県）北条《ほうじょう》氏の旧領地である関八州《かんはっしゅう》（関東地方）を与えられ、代わりにそれまでの領地である駿河《するが》や三河《みかわ》など五ヶ国が取り上げられた。決して有利とはいえない国替えであったが、家康は、秀吉軍の攻撃により荒れた城と町を復興し、新たな都市計画のもとに大改造したのである。

では、なぜ家康は、関東転封にあたって、源氏以来の古都鎌倉（神奈川県）や、戦国時代の拠点小田原ではなく、江戸を拠点に選んだのか。そして、関ヶ原後、全国統治の拠点として、京都や大坂ではなく、なぜ江戸を選んだのであろうか。

近年、家康の入国以前の江戸が、寒村であったという従来の説は修正されている。たとえば、太田道《おおたどう》灌《かん》が江戸城を築いて以後、平川《ひらかわ》（神田川《かんだがわ》・日本橋川《にほんばしがわ》）の河口にある高橋《たかはし》（現在の常盤橋《ときわばし》付近）に、諸国の商船や漁船が出入りし、品川沖には、伊勢をはじめ全国から多数の船が集まっていた。江戸を起点に関八州に流通網を広げ、海路とこれらをつなげば、関東は大きく発展すると、家康は考えたと思われる。

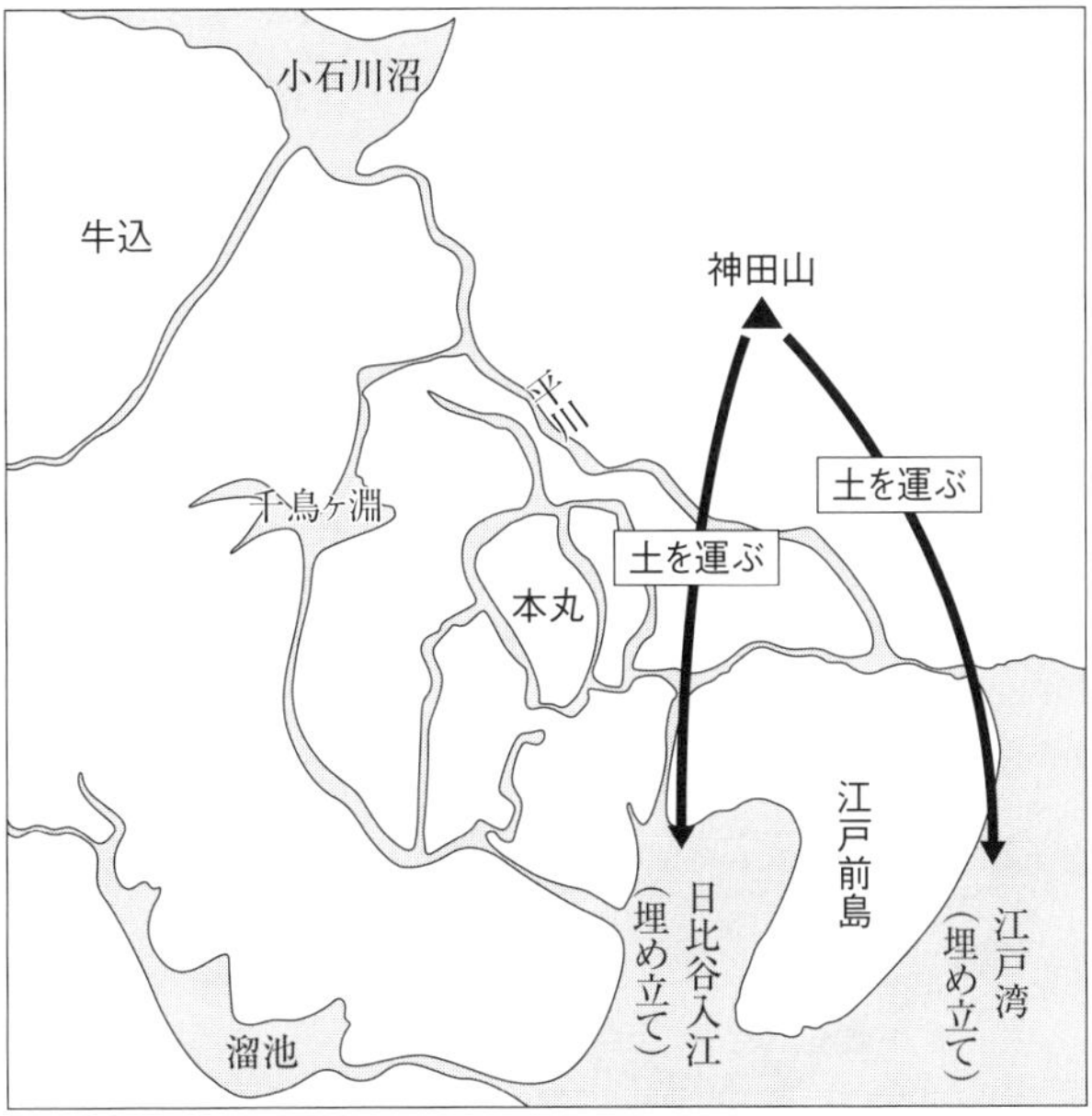

図２　江戸湾の埋め立て（慶長７年頃，内藤昌『江戸の町〈上〉』草思社，1982年掲載図をもとに作成）

「の」の字形に広がる江戸の町づくり

さて、家康は江戸城を拡大整備するさい、堀を「の」の字状に整備した。内堀から外側に向かって、らせん状に堀を延ばすのが、江戸の町づくりの特徴であった。

入国当初、家康は神田山《かんだやま》（千代田区・文京

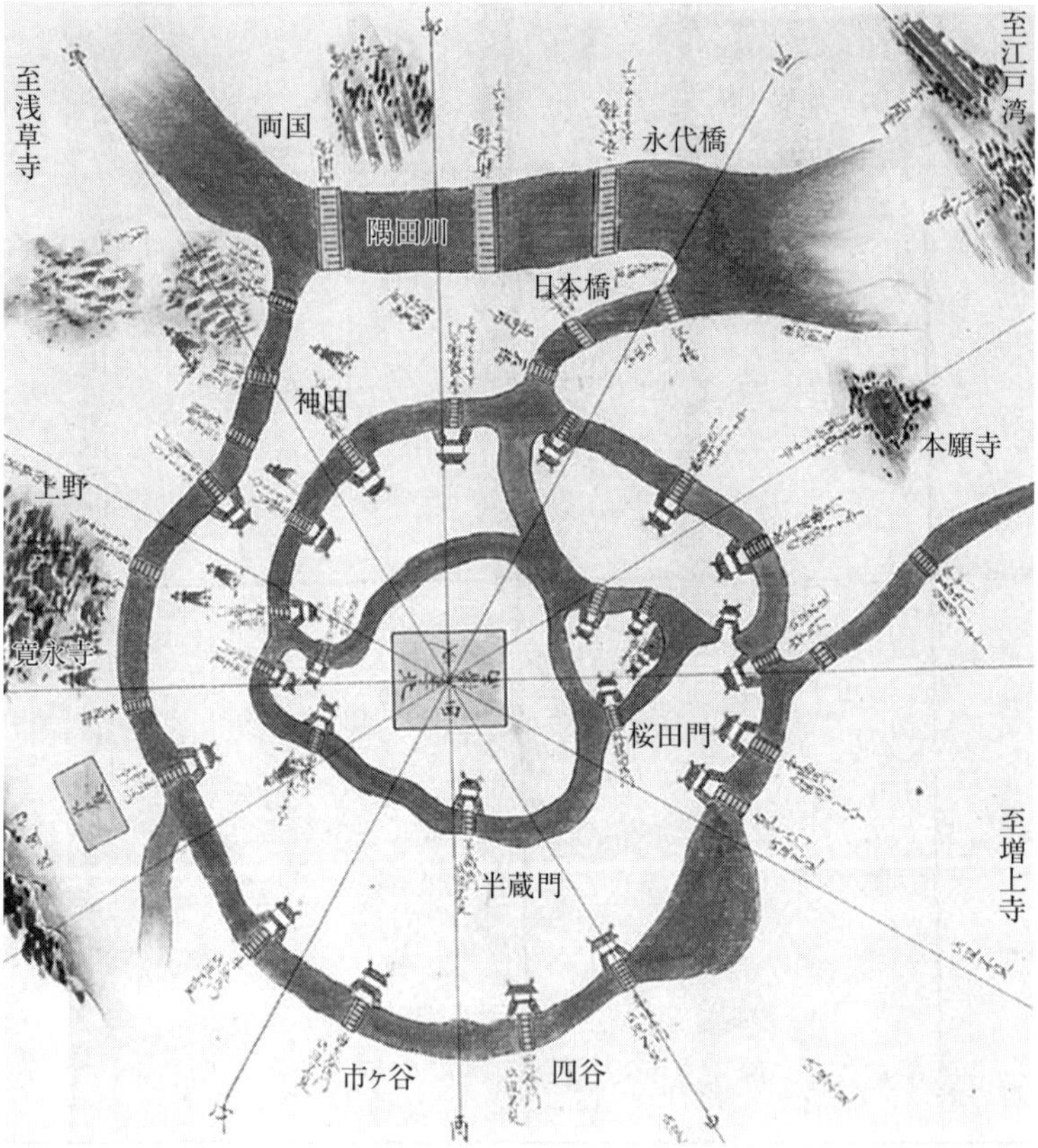

図3　御本丸方位絵図（東京都立中央図書館特別文庫室所蔵）
図の左方向が北にあたる.

区）を削り、その土で江戸湾の日比谷《ひびや》入江（中央区）を埋め立てた。江戸は、堀の開削と海辺の埋め立てを同時並行して行い、町を拡大していったのである。

慶長八年（一六〇三）、征夷大将軍《せいいたいしょうぐん》となった家康は、この江戸に幕府を開き、「首都」にふさわしい大都市にするため、改めて江戸城と城下町の整備を進めた。

寛永一二年（一六三五）、三代将軍家光の時代、

「の」の字形の堀は、隅田川から江戸湾へと通じた。これにより、五街道とあわせて江戸城と城下町の基本的な枠組みが完成した。

江戸の経済・文化の発展

本来、外堀は城の防衛施設であり、外堀内は城内（郭内）にあたるが、江戸城の場合、そこに神田や日本橋、京橋、銀座（中央区）など町人地が含まれた。陸海の交通インフラが、町人の経済活動や、武士の消費生活を支えたのである。

江戸時代の「首都」江戸は、長期の「平和」のもとで、軍事機能よりも政治・経済機能を中心に発展した。町割りは、当初武士と町人（商人・職人）の身分で分けられたが、やがて武家町と町人町がつながり、人、物、情報、文化の移動と交流が活発化した。

さまざまな要素を取り込みつつ、江戸の成長・発展・成熟には、らせん状の外堀構造が関わっていたのである。

2 江戸日本 Edo Japan の開幕

徳川家康の統治体制

家康が開いた江戸幕府は、強大な経済力・軍事力を基礎に、整備された官僚機構によって直轄地を支配する一方、大名、旗本、寺社などに一定地域の支配を委任することにより、全国統治を実現した。江戸幕府の公式記録『徳川実紀《とくがわじっき》』によれば、徳川家康は慶長五年（一六〇〇）関が原合戦ののち、大坂城において、嗣子《しし》の秀忠《ひでただ》とともに「天下を経理する所」（政治の拠点）として江戸城を定め、「江城は政令の出る所、天下諸侯朝観《ちょうきん》の地なり」と、江戸を法令が出、大名が集まる政治の中心（首都）として位置づけた。以後、江戸は首都機能を蓄積・強化していく。

家康は、大名に対して、改易《かいえき》（取り潰し）と転封《てんぽう》（領地替え）などを行い、官僚化をすすめた。この結果、大名たちは、伊勢国（三重県）津藩藤堂家の法令に、「我等は当分の国主、田畑は公儀の物に候」（『宗国史』）と、大名は当座の支配者、田畑は幕府の所有と自らの支配を相対化し、備前国岡山藩の藩主池田《いけだ》光政《みつまさ》が「上様（将軍）ハ日本国中の人民を天より預り成され候、国主ハ一国の人民を上様より預り奉る」（『池田光政日記』）と、将軍は天から日本国民の統治を委ねられ、国主（大名）は将軍から領民の統治を委ねられたと述べている。さらに、対馬藩（長崎県）の藩主宗義方《そうよしみち》も幕府にあてて、「藩屛《はんぺい》兵馬の備は私一分之事にても無之、天下に相預り候保国之至要にて御座候」（一七一四年書付）と、幕府を守る軍備は宗家のみではなく、天下国家全体にかかわると述べ、「慶安《けいあん》の御触書《おふれがき》」も「地頭ハ替もの、百姓ハ末代其所の名田を便とする者」と、領主は交代するもの、農民は末永く田畑を使用するものと述べている。大名たちは、在地性の薄い「鉢植《はちう》え」の状態に置かれたのである。

図4　徳川家康銅像（岡崎市）

国民は、士農工商とよばれる身分制度のもと、それぞれの身分に応じて、「役」を務めた。「役」は、家を単位に、武士は軍役を、農民は年貢・夫役《ぶやく》を、職人や商人は技術労働・人足役《にんそくやく》などを賦課された。人々は、これら「役の体系」により国家的規模で編成され、国家の成員、社会・集団の一員として位置づけられた。

その他家康により、石高《こくだか》制、兵農分離制、町村制、幕藩制など内政の基礎が整備されたのである。

東アジア秩序の動揺と秀吉の強硬外交

家康は、外交においてもリーダーシップを発揮し、対外関係を安定させていった。それは、一六世紀におけるヨーロッパ諸国のアジア進出（ウエスタン・インパクト Western Impact）と、東アジア地域の明《みん》を中心とする秩序（冊封《さくほう》体制）の動揺という新たな国際環境への対応でもあった。ヨーロッパ諸国の日本への進出は、天文一二年（一五四三）ポルトガル人による鉄砲伝来や、同一八年（一五四九）スペインのイエズス会宣教師フランシスコ・ザビエルの来日に代表される。他方、東アジア秩序の動揺は、一四世紀以降南海諸国を含め三〇ヶ国以上の国々から朝貢を受けていた明が、一六世紀に入り国内の反乱や各地の独立運動などにより、勢力が衰えたことに起因する（明は李自成《りじせい》の反乱を契機に最終的に一六四四年に滅亡する）。

東アジア世界の動揺に対して、日本中心の新秩序形成を目指したのが豊臣秀吉であった。秀吉は、琉球《りゅうきゅう》王国（沖縄）、高山国《こうざんこく》（台湾）、マニラ（フィリピン）のスペイン政庁、ゴア（インド）のポルトガル政庁に国書を送り、服属と入貢を求めたが拒否された。

さらに秀吉は、天正一五年（一五八七）に対馬の宗氏を介して、朝鮮に対して入貢と明征服の先導を求めた。朝鮮が拒否すると、文禄元年（一五九二）と慶長二年（一五九七）の二度にわたり朝鮮を侵略したが、朝鮮の抵抗と明の援軍の前に撤兵した（文禄・慶長の役）。この間、慶長元年、スペイン船サン・フェリペ号が土佐（高知県）に漂着したさい、秀吉は船員の噂をもとに、近畿地方の宣教師と信者二六名を処刑し、スペインとの関係を悪化させた。

これら秀吉の強硬外交により、日本の対外関係は深刻化したのである。

「平和」的外交体制の確立

こうした厳しい国際環境のなかで、政権を担当した徳川家康は、秀吉の強硬路線を修正し、「平和」的外交体制を確立した。

まず、ヨーロッパの国々に対して、慶長五年、オランダ船リーフデ号が豊後臼杵湾《ぶんごうすき》（大分県臼杵市）に漂着すると、家康は乗組員のオランダ人ヤン・ヨーステンとイギリス人ウィリアム・アダムス（三浦按針《みうらあんじん》）を江戸に招いて外交顧問とし、慶長一四年にはオランダに、一八年にはイギリスに対して、キリスト教の布教禁止を条件に貿易を許可し、両国は平戸《ひらど》（長崎県）に商館を設けて貿易を開始した。

また、家康はポルトガルとの貿易の継続を認め、さらにサン・フェリペ号事件（慶長元年の豊臣秀吉による積荷没収事件）で悪化したスペインとの貿易にも乗り出した。家康は、スペイン領メキシコとの通商を求め、京都商人の田中勝介《たなかしょうすけ》をメキシコに派遣した。しかし、その後国内のキリスト教徒が数十万人になり、自らの家臣にも広がっていることを知ると、家康は信仰のもとに信者が結合することを警戒し、慶長一七年に直轄領に対して禁教令を出し、翌年これを全国に広げた。

さらに、東アジアの国々に対しては、朝鮮との国交回復は、対馬の宗氏の努力もあり、慶長一二年に朝鮮使節が来日し、文禄・慶長の役のさいの朝鮮人捕虜を返還させるなど好転した。この後、朝鮮使節は江戸時代を通じて、徳川将軍の代替わりの祝賀などの名目で計一二回派遣されている。慶長一四年には朝鮮と宗氏の間で己酉約定《きゆうやくじょう》（修好通商条約）が結ばれ、貿易が再開された。

家康は、朝鮮と琉球を介して、中国とも国交回復をめざしたが失敗した。しかし、民間の中国船が長崎に来航する唐人貿易《とうじんぼうえき》や、東南アジアで日本船と中国船が落ち合う出会い貿易などが活発化した。さらに家康は、島津氏が支配する琉球が、明にも服属し、貿易することを許した。

その他、家康はシャム、カンボジア、安南《あんなん》（ベトナム）などに書簡を送り、友好関係の構築に務めた。東南アジアに移住する日本人も増加し、ルソン、安南、シャム、カンボジアなど各地に日本町ができた。

以上のように、徳川家康は、戦国時代（中世）から江戸時代（近世）への転換期において、内政と外交で強力なリーダーシップを発揮し、新たな国家と社会の秩序を確立し、対外関係を安定化させ、「徳川の平和」を実現したのである。

3 時代劇のフィクションと江戸のリアル

江戸時代の大名行列について、一八五二年にドイツ公使オイレンブルクとともに来日したドイツ人画家ベルクの著とされる『オイレンブルク日本遠征記』には、「行列はみな声を立てずに動いていくが、身分の高い人の行列にあっては、前を行く先触れが『下にいろ』Sitaniro、つまり『膝まずけ』と叫ぶ。それと同時にすべての者が平伏するのである。しかし、われわれが大名行列に何度も出会ったことがあるけれども、これは一度も見なかった習慣であった。民衆は恐れて道を避けるが、この権力者をさほど気にしていないのが常であった。われわれの見たところでは、大部分の者は平然と仕事をしていた」とある。

時代劇などでは、武士の横暴が強調される傾向があり、農民らは、大名行列が来ると畑仕事をやめて、街道《かいどう》まで出て平伏するシーンがあるが、実はあまり見られない。参勤交代《さんきんこうたい》は、三月から四月にかけて全国約二六〇の大名のうち、幕閣など要職の就任者や他の月に交代する大名を除いて、半分が江戸へ、半分が国元へと、大移動する制度である。したがって、毎年多くの行列が街道を往来する。たとえば、上りの行列五〇〇人が来て、三〇分ぐらい頭を下げ、頭を上げた途端、今度は下りの行列一〇〇〇人が来たら、仕事にならない。先のオイレンブルクによれば、武士と農民は、お互い遠くで見て見ぬふりをする、おそらくそれが当時の社会的知恵・作法である。参勤交代の武士たちは、道中すべて隊列を組んでいたわけではない、宿泊数を減らすために速足だった。民衆が平伏しないから罰する、などというトラブルは避けたかったところであろう。

私は、日本独特の四月から翌年三月までを一年とする「年度」システムの淵源は、明治をこえて参勤交代にあると想像している。参勤交代では、多くの大名が、四月に国元に赴き、翌年三月に江戸に参勤する。一六三〇年代に決定し固定化された政治・行政の慣習を変えるのは、なかなか大変である。参勤交代制度の意義として、街道・宿泊などのインフラ整備や、文化・情報の交流などが指摘されるが、四月開始という日本独自のカレンダーという点でも、今日の日本に大きな影響を与えていると思われる。

また、時代劇の高札場《こうさつば》シーンなどでは、農民たちが高札場で字が読めず、集まってガヤガヤしていると、浪人、僧、庄屋、名主などがやって来て、読み上げる。それを聞いた農民たちは、みな納得して去っていく。しかし、最近の研究によると、これも成り立たない。すなわち、江戸のリテラシーは、従来考えられていたよりも、だいぶ高かったというのである。たとえば、識字率をどのように定義するかは、字が読める、名前が書ける、文章を書けるなど、さまざまであろう。現在の学校カリキュラムのもとでは、小学生から成人まで、少しずつ字が読めるようになっていく。しかし、個人差も大きく、大人の私たちも読み書きできない字も多い。江戸時代、子どもたちは、自宅で親から、手習いで師匠から、奉公先で主人や先輩から、さまざまな機会に「読み書き算盤」を習い、リテラシーを向上させていた。町には看板、店には献立、広告など活字環境が整っていた。こうした基礎学力の上に、草紙本《そうしぼん》のベストセラーが生まれ、川柳《せんりゅう》が流行り、句会が催されたのである。幕府の触《ふれ》や達《たっし》、とくに高札などは、庶民の多くが、とばしとばしでも読み、概略をつかめたと思われる。幕府もまた、庶民が直接読むことを意識して、「かな」を多くした触を出している。そこでは、浪人、僧、庄屋が来て、皆に読んで聞かせる行為は、想定されていない。幕府や藩は、庶民が字を読めることを望み、それを前提に行政を展開したのである。

以上、江戸イメージは、庶民は貧しくて字が読めない、武士の圧政に苦しめられるという、「未開」「野蛮」イメージとは異なり、多くの人々が、字を読み、手紙を書き、計算ができる、という「文明」イメージへと変わりつつある。そこには、経済発展も寄与した。民間の借金証文などでは、利息の計算もしている。「文明化」の視点からあらためて、江戸時代を見る必要がある。

そして、その歴史環境として、先に述べた一〇〇年間の戦国時代を克服して達成した「平和」があった。江戸の「平和」は、豊臣秀吉による「惣無事令《そうぶじれい》」がもとになっている。「惣無事」は、「惣《すべ》て事《こと》無《な》かれ」、喧嘩や私戦はやめよ、無事であれ、という武力解決の禁止、戦争・喧嘩停止令である。この秀吉の「惣無事」を引き継いだ江戸幕府の「平和」は、「徳川の平和 Pax Tokugawana」とよばれる。これは、「ローマの平和 Pax Romana」、「イギリスの平和 Pax Britannica」、「アメリカの平和 Pax Americana」など、世界史上の「秩序」「平和」の表現を模したものである。世界でも稀有な二五〇年以上に及ぶ「徳川の平和」を実現した江戸時代を、より高く評価する意図から生まれた表現である。こうした視点からすると、従来、江戸イメージを、封建社会・封建国家と考えてきた見方・方法とは異なる「初期近代 early modern」とする評価が成立してくる。私たちのモダン（近代）と隣り合う地続きの時代である。江戸時代を近代との「断絶」から「連続」へと見直す、明治維新で日本が突然変わったのではなく、江戸時代は、近代に向けて着実に発展をしていた、という見方である。

江戸時代と現代の連続面を、いくつか挙げてみる。たとえば、全国各地の城下町に行くと、そこには県庁や市役所を中心に、政治・経済・文化・教育など地域の中心的施設が集中している。これは、江戸時代の地域のセンター機能が、そのまま現代に引き継がれていることを示す。その代表が、江戸・東京である。江戸は、全国統治の拠点＝「首都」であった。明治維新のさい、大久保利通《おおくぼとしみち》らは、大坂を首都とする構想を検討したが、結局、江戸が東京へと首都機能を維持発展した。明治新政府も、江戸幕府の首都機能、江戸一極集中を覆すことはできなかったのである。そして、天皇が京都から江戸に移り、「首都東京」となった。江戸の首都機能が、そのまま近代へと発展したのである。先の各地の城下町も同じである。

また、江戸時代の国家体制の特徴である「鎖国《さこく》」についても、見直しが求められている。鎖国というと、外国と付き合わない遅れた政策、孤立政策と考えられがちであるが、「国家が国民を管理する」という点から見ると、これはかなり近代的なシステムである。今日、私たちは外国に行くとき、パスポート携帯を義務づけられ、出入国手続きは欠かせない。国家が、国民の出入国を管理するのである。逆に、戦国時代以前の日本は、この出入国管理はなかった。朝鮮との外交は、室町幕府や戦国大名がそれぞれ行うなど多元的であり、東南アジアとの貿易商人呂宋助左衛門《るそんすけざえもん》の活動なども、ノーチェックであった。戦国時代以前の鎌倉幕府や室町幕府は、日本人が、いつ誰がどの国に行っているか、つかめなかった。それが鎖国になると、出入国が厳しくチェックされる。来日外国人も、オランダ商館長をはじめとする西洋人、中国人、朝鮮人などが、幕府のもとに一元的に管理されたのである。

今日、たとえば、世界のどこかで強力な悪性の疫病が流行り、その免疫を私たちが十分備えていない場合、政府が、流行している地域に国民が行くことや、逆に帰国することを禁止するケースもあり得る。さらに、どこかの地域が戦争状態になったとき、その地域に行くことを禁止する可能性もある。ということは、「鎖国」状態は、今日でも起こり得る。国家が、一番厳しい形で国民の対外関係を統制するのが、「鎖国」なのである。そう考えると、江戸幕府は、決して遅れた政府ではなく、むしろ今日に続く国家・社会のシステムを作り上げたといえるのである。

近年、日本社会では、グローバル化の中で、競争原理、市場原理が導入され、自由化・競争化が進んでいる。しかし、逆に言うと、日本は今日まで江戸時代以来の日本型の社会システムを維持してきたのである。正月から大晦日まで、江戸時代と変わらない社会・生活習慣も続いてきた。明治維新で日本社会が一新し、今日につながる西洋文明時代が到来し、江戸時代が、古い私たちの理解不可能な時代となったのでは、決してないのである。私たちの時代が、江戸時代と地続きであることを、より明確に認識する必要がある。

4 シュリーマンも驚嘆した「平和」と「文明」

「平和」と「文明化」の時代

幕末期の慶応元年（一八六五）、世界周遊の途上で来日した、トロイ遺跡の発見で知られるドイツ人の実業家ハインリッヒ・シュリーマンは、「この国は『平和』で、総じて満足しており、豊かさに溢れ、極めて堅固な社会秩序があり、世界のいかなる国々よりも進んだ文明国である」（『シュリーマン日本中国旅行記』）と、江戸の「平和」と「文明」を高く評価した。

シュリーマンの言うとおり、江戸時代は、二五〇年以上の長期にわたり、対外戦争や内戦がほとんどない、世界史上でもまれな「平和」な「文明」国であった。

江戸時代は、二度のグローバル化の波に挟まれた時代である。一度目は、一五世紀、ポルトガル、スペイン、オランダ、イギリスなどが、キリスト教布教と植民地獲得を目指してアジアに進出し、二度目は、一九世紀、アメリカ、ロシア、イギリス、フランス、プロシアなどが、産業革命や市民革命を経て、

図５　からくり人形図（『江戸科学古典叢書　璣訓蒙鑑草』恒和出版，1976 年）

資本主義市場の拡大を目指してアジアに進出した。

江戸時代は、この二度のグローバル化の波の間にあって、外国との通交を極端に制限し、国家が国民の対外関係を厳しく制限する「鎖国」体制のもとの、停滞的・後進的な時代と捉えられてきた。しかし、近年、江戸時代の文明的要素が注目され、近代日本を準備した時代（初期近代《アーリー・モダン》）として捉えられるようになり、江戸時代は、近代と断絶した理解不可能な時代から、地続きの理解可能な時代へと、位置づけ直されたのである。

「徳川の平和」のもと、列島社会は、自然や神仏が支配する呪術的世界から、人間が自らの力を信じて自然に働きかける文明的世界へと大きく変貌した。戦国時代から江戸前期にかけて列島大開発が行われ、耕地は三倍、人口は二・五倍に増加した。文字や教育が普及し、神に頼る紛争解決である湯起請《ゆぎしょう》（熱湯中の石を手でつかみ火傷により正否を決める裁許法）や鉄火《てっか》（熱した鉄を握らせる裁許法）などの神裁法《しんさいほう》が禁止され、法律と証拠をもとに幕府（公儀）が裁決する合理的・文明的な解決方法が普及した。

このような「平和」と「文明化」の新たな土壌の上に、江戸の科学技術が開花した。先述のシュリーマンは、「もし人がいうように文明を物質文明として理解するならば、日本人は非常に文明化された民族だといえよう。なぜならば産業技術において、彼らは蒸気機関の助けもなく達せられうるかぎりの非常に高度な完成度を示してきているからである」（同前）と、江戸テクノロジーのレベルを絶賛したのである。「鎖国」体制のもとでも、江戸文明は決して停滞してはいなかった。江戸の人々は、自らの知識や経験をもとに、外国からの限られた知識や情報を取り入れつつ、確実に社会を豊かにしていったのである。

その長期の「平和」は、為政者の努力のみで達成されるものではなかった。「国民」の幅広い理解と合意が必要であり、それを育てたのが、「江戸の教育力」であった。「徳川の平和」は、「江戸の教育力」に基礎づけられていたのである。

現代日本の科学技術へ

江戸社会では技術も発展した。江戸テクノロジーの発展は、①三代将軍家光《いえみつ》の時代に確立した「鎖国」体制のもとで、土木産業技術が発達し、生産力が飛躍的に伸びた前期［一七世紀］、②八代将軍吉《よし》宗《むね》の享保改革《きょうほうかいかく》（一七一六〜四五）の時代、オランダ語にもとづく「蘭学」を通じて、西洋の知識や技術が導入され普及した中期［一八世紀］、③ロシアをはじめとする西洋諸国の日本接近のもと、オランダ語以外の外国語が学ばれ、軍事や医学を中心に「洋学」が発達した後期［一九世紀］、に大別される。そして、これら在来・外来のテクノロジー発展の基礎にも、国民教育の広がりがあった。

江戸時代は長い「平和」のもと、日本独自の文明が国民の間で形成・発展した時代であった。冒頭のシュリーマンは、いわばその最後の姿を見たのである。二度のグローバル化の間において、日本社会は着実に近代化・文明化の道をたどっていたといえる。

明治維新後も、諸藩は、明治四年（一八七一）の廃藩置県までのわずかな期間、江戸文明を基盤に西洋文明を受け入れ発展した。たとえば、松江藩は、明治二年に兵学校を設け、和漢洋の兵法を教え、習兵所において歩兵・騎兵・砲兵を訓練した。同二年に洋医学校と附属病院を設け、翌三年には外国人教師を招いている。また、広島藩は、明治二年に広島城内に洋学所を設立、同年学制改革で、新たに皇学、医学の二校を設立した。翌三年には、城内八丁馬場の家老浅野右近《あさのうこん》の旧邸に学問所を新築し、皇学、洋学、医学の三校をここに移し、四学統合の学館修道館を開き、庶民の入学も許している。

明治維新後の日本の「近代化」は、決して江戸の成果を否定し、捨て去るものではなかった。今日、世界が注目する日本型経営・システムや、中小企業の精密技術の高さ、さらには職人気質・衿持などは、むしろ江戸の社会システムや科学技術、集団の規範《モラル》・精神《エートス》などをもとに発達したのである。現代の私たちの生活、社会は、まさに江戸の発展の延長上にあるといえる。

次節では、江戸テクノロジーの発展の実態を見ていくことにしたい。

5 花開く江戸テクノロジー

一七世紀―産業技術の進化―

一七世紀の日本の生産力発展を支えたのは、農業を中心とする各産業分野の技術革新《イノベーション》であった。たとえば、開削技術の進歩により溜池や用水路が整備され耕地が拡大し、築堤技術の発達により大河川流域や海岸部に大規模新田が造成されたが、これら開削技術や築堤技術は、戦国時代の築城・鉱山技術などを転用したものであった。

しかし、他方において、列島大開発は、森林の枯渇や洪水の発生など環境破壊を招き、農業は一六五〇年ごろを境に、耕地面積を増やす「拡大主義」から、単位面積あたりの収穫量を増やす「精農主義」へと転換した。深耕用の備中鍬《びっちゅうぐわ》や脱穀用の千歯扱《せんばこ》きなど新たな農具が発明される一方、新たな技術や知識を普及させるために、宮崎安貞《みやざきやすさだ》『農業全書』をはじめ、さまざまな農書が刊行された。

鉱山技術も、採掘、排水、精錬などの改良が進み、佐渡《さど》（新潟県）の金銀山、生野《いくの》（兵庫県）・大森《おおもり》（島根県）の銀山、足尾《あしお》（栃木県）・別子《べっし》（愛媛県）の銅山など、各地の鉱山の生産量が伸び、日本は世界有数の貴金属産出国となった。このうち、鉄は、中国地域を中心にたたら精錬が普及し、農具や工具の製作に用いられた。以下、中国地域の諸藩のようすを見ていきたい。

出雲《いずも》松江藩（島根県）は、出雲平野や宍道湖《しんじこ》沿岸を開発する一方、鉄山の管理を強め、鉄を専売制とし、たたら産業を保護した。備前岡山藩は、戦国大名宇喜多《うきた》家が進めた児島《こじま》湾沿岸の新田開発をもとに、延宝七年（一六七九）、倉田《くらた》新田、幸島《こうじま》新田、沖新田（以上、岡山市）など、大規模な藩営開発を行った。これら新田地域を中心に、綿や菜種など商品作物を作り、機業や製塩業なども盛んになった。

因幡《いなば》鳥取藩領の伯耆《ほうき》では、古代から鉄が生産され、元禄年間（一六八八〜一七〇四）には、藩がこれを掌握した。また、和紙の因州半紙ブランドを確立し、貞享三年（一六八六）以後、藩が買い上げ、代わりに米や銀を支払う専売制を採用した。安芸《あき》広島藩も、新田開発を進め、畳表や鉄の生産を奨励する一方、陸海交通路の充実、大坂の蔵屋敷設置などインフラ整備を行っている。特に鉄生産は盛んで、享保年間（一七一六〜三六）には、大坂移入鉄の約二五％を広島鉄が占めるほどであった。長州藩は、検地を行い生産力の増加分を把握するとともに、請紙制《うけがみせい》（山代《やましろ》地方の年貢を紙で徴収する）など、特産物の確保に務めた。

江戸前期の一七世紀は、「平和」の浸透とともに、幕府や藩の政治が、武力による「武断《ぶだん》政治」から、教育に基づく「文治《ぶんち》政治」へと大きく転換した。岡山藩の三代藩主池田光政《いけだみつまさ》は、儒学者の熊沢蕃山《くまざわばんざん》を重

図6　旧閑谷学校

用し、藩政改革を行い教育を重視した。すなわち、寛永一八年（一六四一）藩校の花畠《はなばたけ》教場《きょうじょう》を開設し、寛文六年（一六六六）石山《いしやま》仮学館に移設、さらに同九年岡山城内に大規模な学校を設けるなど、藩士のレベルアップを目ざした。また、寛文八年には、「百姓小（少）年の者学文（問）すべき所」として、藩領各地に全一二三ヶ所の手《て》習所《ならいじょ》を設置した。その後、これらの手習所は財政難などから削減され、寛文一〇年、最終的に閑谷《しずたに》学校に統合された。閑谷学校は、寛文一二年ごろ藩の学問所として運営され、元禄年間（一六八八〜一七〇四）には学校の諸施設が完成した。江戸中期の一八世紀後半には、上層農民の子弟の教育機関である郷校《ごうこう》として発達し、幕末期になると他藩からの入学者も増加した。藩校と同じく正統派の朱子学を学び、課外には教授の屋敷などで、会読《かいどく》、研究が行われた。当時、閑谷学校を訪れた肥後藩士・儒学者の横《よこ》井小楠《いしょうなん》は、「江戸聖堂之外は、天下に如此壮麗之学校は御座あるまじく存ぜられ候」と、江戸の幕府学問所の湯島聖堂に匹敵する唯一の立派な学校と高く評価している。閑谷学校の名声は全国に及び、江戸後期には、高山彦《たかやまひこ》九郎《くろう》（尊王論者）、頼山陽《らいさんよう》（儒学者）、大塩平八郎《おおしおへいはちろう》（儒学者、大坂町奉行所与力）らが見学に訪れ、幕末期には大鳥圭介《おおとりけいすけ》（蘭学者のち幕臣）、西周《にしあまね》（津和野藩医の子のち幕臣）らも来学した。なお、閑谷学校は、聖廟、講堂、学舎などが現存し、日本遺産に認定されている。

一八世紀―享保改革による発展―

つづく一八世紀には、一七世紀前期の技術・経済の発展に加え、八代将軍徳川吉宗の享保改革により西洋の知識・技術が輸入され普及した。吉宗は、漢訳洋書の輸入制限を緩め、青木昆陽《あおきこんよう》や野呂元丈《のろげんじょう》らにオランダ語を学ばせた。これが端緒となり、蘭学は、実用の学として、天文学、暦学、地理学、医学、博物学などの分野で発達した。昆陽にオランダ語を学んだ前野良沢《まえのりょうたく》（中津藩医）や、杉田玄白《すぎたげんぱく》（小浜藩医）らが、『ターヘル・アナトミア』を翻訳し、『解体新書《かいたいしんしょ》』を刊行したのは、その象徴である。これら蘭学発達の背景には、江戸時代の人々の合理的・客観的・実証的な見方や考え方の成長・発展があった。

以下、一八世紀の中国地域の動向を見ると、広島藩五代藩主の浅野吉長《あさのよしなが》は、朱子学者室鳩巣《むろきゅうそう》から「当代の賢侯第一」と評価される人物であった。彼は、享保一〇年（一七二五）、内白島《うちはくしま》（広島市中区）に諸芸稽古場を創設し、場内に漢学教場の講学所《こうがくしょ》を設立した。これが広島藩藩校の始まりである。同一九年講学館《こうがっかん》と改称し、一時閉鎖したものの、天明二年（一七八二）七代重晟《しげあきら》が城内二の丸に再開し、講釈の聴聞を庶民にも許した。また、鳥取藩の五代藩主池田重寛《いけだしげのぶ》は、宝暦六年（一七五六）藩校を開設し、尚徳館《しょうとくかん》と名付けた。対象は、最初上級武士に限られたが、のち下級武士にも開かれた。さらに、松江藩では、宝暦八年城下に藩校文明館《ぶんめいかん》を開設、天明四年（一七八四）に明教館《めいきょうかん》と改称、その後、藩政改革を主導した「名君」として知られる七代松平治郷《まつだいらはるさと》（不昧《ふまい》）のとき、漢方医学を学ぶ存済館、兵学を学ぶ大亭館が設立された。幕末期には、さまざまな教場を統合し、文武館《ぶんぶかん》と名付け、慶応元年（一八六五）修道館《しゅうどうかん》と改称した。長州藩でも、享保四年（一七一九）五代毛利吉元《もうりよしもと》が藩士の文武振興のために、城内三の丸に藩校明倫館《めいりんかん》を設立した。

一方、この時期、藩財政の再建に向けて、藩主導のもと産業が育成され、特産物が生まれた。広島藩では、竹原などの入浜塩田の塩や、安芸の木綿や鉄などを特産物として大坂市場に売り出し、鳥取藩では、前期には京・大坂から輸入していた蝋《ろう》を、領内生産の増加をふまえ、明和二年（一七六五）に蝋座を設け、藩の専売品として売り出すに至った。藍や木綿の生産も活発化している。

一九世紀―洋学の展開―

一九世紀は欧米列強の日本接近とともに、ロシア語、英語、フランス語、ドイツ語など諸外国語が学ばれ、軍事や医学を中心に「蘭学」から「洋学」へと大きく発展した。武士たちは、幕府や藩の違いを越えて交流し、庶民も加わった。「洋学」は、地域や身分を越えて普及したのである。

中国地域では、たとえば、鳥取藩の藩校尚徳館では、国学・兵学などが新科目として採用されている。長州藩では、一三代毛利敬親《もうりたかちか》が藩政改革の一環として文教政策を展開、明倫館を移転新築した。新明倫館は、聖廟、演武場、講堂、水練場、馬場、練兵場などを設け、科目は、経学、歴史、制度、兵学、博学、文学の六科目とした。学頭の山県大華《やまがたたいか》は、儒学を徂徠学《そらいがく》から朱子学《しゅしがく》に改め、防長両国の諸学館・郷校にも朱子学を導入し、学統の統一を図った。医学教育を行う済生堂は、嘉永三年(一八五〇)に好生館と改称、安政二年(一八五五)には好生館の中に西洋学所を開設し、同六年に独立させて兵学研究機関の博習堂と改称した。文久元年(一八六一)五月藩主敬親は、山口講習堂を移転拡充して、同三年山口明倫館と改称、山口と萩の二つの明倫館は、多くの優秀な人材を育てた。この時期、天保一三年(一八四二)、吉田松陰《よしだしょういん》は、叔父玉木文之進《たまきぶんのしん》の家塾の名称を受け継ぎ萩城下に私塾松下村塾《しょうかそんじゅく》を開き、高杉晋作《たかすぎしんさく》や久坂玄瑞《くさかげんずい》らを育て、塾は長州尊攘討幕派の拠点となった。

江戸中期に続き、後期においても諸藩は、財政再建に向けて藩専売制を実施・強化した。たとえば、岡山藩では、文政九年(一八二六)ごろ木綿の領外移出を禁止し、弘化三年(一八四六)には塩の領外販売を藩が独占し、嘉永二年(一八四九)には小倉織《こくらおり》の領内での自由販売を禁止する一方、大坂への移出は藩が独占した。同五年藩は繰り綿の領外移出を独占し、安政年間(一八五四〜六〇)には藍や砂糖の領内外への販売を規制するなど、藩優先の政策を展開した。しかし、この結果、自由販売を求める生産者や流通者との矛盾・対立が深まった。

こうした幕府や諸藩・民間の活発な政治、経済、教育をめぐる動きを基礎に、江戸後期、全国各地で焼き物、塗り物、からくり、浮世絵、織物、和算など伝統工芸・文化が開花した。これらは、各地の職人たちの技術や努力の成果であり、西洋の人々も驚くほどのレベルであった。これらを含め、江戸社会は、衣食住、名所、祭礼、地域芸能などの生活・習慣をあわせて、今日の日本に続く地域文化を作り上げたのである。

6 モダン（近代）へと向かう時代

アーリー・モダン（初期近代）と位置づけられる江戸時代の特徴のまず第一は、戦国時代を終息させ、統一政権による「惣無事」令（私戦・私闘の停止）を引き継ぐ江戸幕府の二五〇年以上の「平和」、「徳川の平和」の実現である。そして第二は、この「平和」のもとで貨幣経済、文字社会が発展し、社会の文明化・合理化が進んだことである。神や仏ではなく、証拠や法律をもとに「人が人を裁く」システムが整備され、「平和」と「文明化」が、新たな江戸イメージのキーワードとなる。すなわち、江戸時代は、現代と断絶した理解不可能な時代ではなく、現代と地続きの理解可能な時代、アーリー・モダンとして捉えられることになるのである。

アーリー・モダン、地続きの視点からは、現代の国家や社会に連なるさまざまな要素が見えてくる。先述の「鎖国」は、近代的な［国家・国民関係］の原型であった。

「江戸の首都機能」も地続きの要素である。江戸時代、首都江戸は内政・外交の中心として機能し、高度な一極集中を果たしていた。維新を達成した明治政府でさえ、首都を他地域に設定することはできなかった。江戸・東京は、首都機能を継受・発展させたのである。「官僚制」も連続している。明治政府の官僚のうち、薩摩・長州・土佐・肥前の倒幕派四藩の出身者よりも、旧幕府出身者の方が多いというデータも示されている。倒幕派四藩の官僚は、藩＝ローカル政府の官僚であり、いきなり国家規模のガバナンスを担うのは難しかった。新政府は、江戸時代を通じて、成長・発展してきた幕府官僚のノウハウを必要としたのである。

全国約二六〇の大名の官僚化も進んだ。大名は、江戸前期に改易（断絶）と転封（移転）により、鉢植えの状態になった。たとえば、三河国刈谷藩（愛知県刈谷市）の場合、頻繁に交替した藩主は、決して「ここは私の領地だ、おまえたちは私の領民だ」などとは言わない。むしろ、前任藩主の年貢に倣い、祭礼の寄付も同額にする。先例を変えて、百姓一揆や騒動などトラブルが起きれば、領内不取締りとして、大名家が罰されてしまう。官僚化とともに「事なかれ主義」、「横並び主義」、「前例主義」が広がるのである。

大名官僚化のプロセスで、享保改革期の元文四年（一七三九）、御三家筆頭尾張藩主の徳川宗春《とくがわむねはる》が蟄居させられるという「尾張宗春事件」が起きた。この事件は、「高負担・高福祉」のいわゆる「大きな政府」をめざす将軍吉宗の享保改革に、宗春が「自由と市場原理」による「小さな政府」の政策を掲げて八年間にわたり抵抗した事件である。幕府は、宗春処罰直後、全国の大名に、幕府の方針に従い、藩官僚の意見を尊重して藩政を展開するよう指示した。藩主にとっては、自分の理想とする独自の藩政を行いにくい状況が生まれたのである。

江戸前期の「名君」は、儒学者をブレーンとして登用し、自らが理想とする政治を展開した。水戸藩の徳川光圀《みつくに》は中国人儒学者の朱舜水《しゅしゅんすい》を、会津藩の保科正之《ほしなまさゆき》は儒学者の山崎闇斎《やまざきあんさい》を、岡山藩の池田光政は陽明学者の熊沢蕃山《ばんざん》を、加賀藩の前田綱紀《まえだつなのり》は朱子学者の木下順庵《きのしたじゅんあん》を、それぞれ登用し、自らの理想とする政治を主導した。しかし、宗春事件以後、江戸後期の「名君」は、米沢藩の上杉鷹山《うえすぎようざん》が家老の莅戸太華《のぞきたいか》、長岡藩の牧野忠精《まきのただきよ》は家老山本老迂斎《やまもとろううさい》、松代藩の真田幸弘《さなだゆきひろ》は恩田杢《おんだもく》、熊本藩の細川重賢《ほそかわしげかた》は堀勝《ほりかつ》名《な》など、有能な官僚とタイアップして藩政改革を展開した。江戸後期、官僚制の進展とともに、全国規模で政治や行政の均質化・同質化が加速したのである。

幕政・藩政の官僚化・合理化を基礎から支えたのが公文書（アーカイブズ）である。古代・中世の社会は、神仏の力が大きく、口約束でも十分な強制力になった。約束を違えれば、神仏の罰があたる。平安時代の貴族などが、「今日は日が悪い」「方角が悪い」など、神仏や陰陽道《おんみょうどう》などのもとで生活し、中世・戦国の武士たちが合戦にさいして、神仏に戦勝を祈願したのもその例である。

ところが、江戸社会は、来日外国人が「日本人は、あまり信心深くない。月に一回、お寺に行くか、行かないかだ」と記すほど、影響力がなくなった。今日、私たちは、自分ではどうすることもできない病気や受験のさいなどには神仏に頼るが、日常的に信心深いかというと、そうでもない。私たちと同じような神仏観を、江戸の人々も持っていたのである。

江戸時代には自然観も変わった。列島社会は、戦国時代から江戸前期にかけて大規模開発が進み、耕地は約三倍に拡大し、人口も約二・五倍に増加した。この結果、環境破壊も進んだ。以上のように、江戸社会は、中世までとは異なり、神仏や自然から距離を置き、文明化へとテイクオフしたのである。

二一世紀の今日、グローバル化の波を受けて、日本社会は、競争原理や市場原理を導入し、「官から民へ」「中央から地方へ」という「構造改革」を展開した。この結果、江戸以来のさまざまな共同性・公共性が変容・解体され、江戸以来の制度・システム・意識の変容と解体がつづいている。今日、まさに江戸時代が終焉しようとしているのである。

Ⅱ

「平和」の浸透

——首都江戸と官僚システム——

1 愚かなるはひとりもなし――兵農分離とリモート行政――

「平和」と文字社会の到来

戦国大名北条氏の家臣であった三浦浄心《みうらじょうしん》は、著書『慶長見聞集《けいちょうけんもんしゅう》』（一六一四年成立）において、「廿四五年以前迄諸国におゐて弓矢をとり治世ならす、是によつて其時代の人達は手ならふ事やすからす、故に物書人ハまれにありて、かゝぬ人多かりしに、今ハ国治り天下太平なれハ、高きもいやしきも皆物を書きたまへり」と、戦国時代は字を書ける人がおらず、「平和」の到来とともに、皆が文字を学び、書けるようになったと記している。三浦は、平和と教育・文化が重要な関係にあることを認識している。

文字社会の成立には、豊臣秀吉による兵農分離政策が深くかかわっている。この政策により、武士は城下町に集住し、行政や知行地への指示は文書で行うなど、リモート行政が展開され、官僚化・サラリーマン化が進んだのである。

一方、村々は、武士が城下町に移ったことから、農民による自治が行われ、文書行政に対応する能力

（リテラシー）が必要とされた。とくに行政の責任者である名主（庄屋）をはじめとする村役人《むらやくにん》は、読書算盤《そろばん》が必須の条件となった。

上野国高崎藩郡奉行の大石久敬《おおいしひさたか》は、庄屋の条件として「筆算も相成もの」（『地方凡例録《じかたはんれいろく》』一七九一～九四執筆）と記し、元禄時代の上方作家の井原西鶴《いはらさいかく》は、『西鶴織留《さいかくおりどめ》』において、「すこし手を書を種として、所の手習子ども預り、我ま、そだちの草を刈り、野飼の牛の角文字いろはの『い』よりおしへけるに……されば近年人のありさまを見るに、いづれか愚かなるはひとりもなし……一つ一つありのままに書付る筆者は、五町七丁のうちにもなき事なりしに、今時は物かかぬといふ男はなく」と、大坂で商売していた老夫婦が寺子屋を始めたこと、当時みな字を読めるようになったことを記している。

元禄時代に来日したドイツ人医師のケンペルは、長崎出島から江戸往復の途中、大坂城の責任者の交代に遭遇した。そのさい、「注目すべきことは、非番の者が、任務を果して江戸から到着すると、もう一人の者は彼とは言葉も交わさず直ちに出発し、重要な報告事項は文書にして城内の役所に残しておかなければならないということである」（『江戸参府旅行日記』）と、公文書による任務の引き継ぎに驚いている。たしかに引き継ぎは、言葉で延々と説明するより、文字で残したほうが効率もいいし、間違いも少ない。江戸社会は、このようなシステムを作り上げていたのである。

同じく元禄期の儒者、教育者で福岡藩士の貝原益軒《かいばらえきけん》は、子どもの教育について、「六七歳より和字《かな》をよませ、書ならはしむべし、けじめ和字をしゆるに、『あいうゑを』五十韻を、平がなに書て、たてよこによませ、書ならはしむ、また世間往来の、かなの文の手本をならはしむべし」（『和俗童子訓《わぞくどうじくん》』）と六、七歳からひらがなを学ばせ、五〇音表を縦横に読ませ練習させるよう記している。

文字社会は、経済活動の活発化によっても発展した。寺子屋ではテキストとして「商売往来《しょうばいおうらい》」を用い、商売に必要な文字を学んだ。大店《おおだな》の三井越後屋（三越）は、奉公人を雇う条件として「手跡算盤《しゅせきそろばん》又は弁《べん》舌《ぜっ》等疾《とく》と吟味可申事」と、字が書け、計算ができ、きちんと受け答えができる人を召し抱えると言っている（「手代子供召抱段申渡覚」）。

農村でも文字が普及した。生産力を上げるため、農民たちは農書を読み始める。「清良記《せいりょうき》」「百姓伝記《ひゃくしょうでんき》」「会津農書」「農業全書」など、全国各地でさまざまな農書が生まれ、ベストセラーになった。文字文化は着実に農村にも普及したのである。

2 「首都」江戸と「首都圏」多摩・武蔵野

江戸・東京を考えるさい、江戸時代と明治時代の時間的連続性とともに、江戸市中と多摩・武蔵野地域の空間的連続性も考えなければならない。

江戸と多摩

従来、〈江戸市中・東京都心部〉と〈多摩・武蔵野〉の二つの地域については、利便性が進んだ都心と、自然豊かな多摩、言語や習慣の違いなど、どちらかというと、両者の違い、異質性が注目されてきた。しかし、東京都トータルで考えるさい、同質性にも注目する必要がある。江戸と東京の時間的連続性に加えて、以下では、〈江戸市中〉と〈多摩・武蔵野地域〉という空間の同質化過程を追及したい。一九八〇年代、都心の大学などの諸機関が多摩地域に移転し、一九九一年に東京都庁が有楽町から新宿に移転したことは、同質化過程の一シーンでもある。

〈江戸市中〉の西方に展開する〈多摩・武蔵野〉は、どのような性格をもっていたか。〈多摩・武蔵野地域〉の成長を、首都江戸の発展と関連づけて見ていきたい。

江戸前期の開発

戦国時代から江戸初期にかけて〈多摩・武蔵野地域〉の新田開発は、青梅市の新町《しんまち》村が元忍《おし》城主成田氏旧臣の吉野織部之助《よしのおりべのすけ》によって開発され、東村山市の大岱《おんた》村が戦国大名北条氏の旧臣横山次右衛門によって開発されるなど、旧武士や地域の土豪たちが開発する場合が多かった。

街道インフラについて見ると、青梅街道は、山間部青梅の石灰を江戸に運ぶルートとして整備され、その後荒川ルートが利用されるようになった。また、五日市には、当初江戸城天守閣の銅瓦を製造する石工が集住し、五日市街道は江戸市中に向けた薪炭《しんたん》の運搬に使われた。

江戸の上水インフラについて、生活用水は、太田道灌《おおたどうかん》の時代には井の頭池（武蔵野市・三鷹市）や赤坂《あかさか》溜池《ためいけ》（港区）の水を利用していたが、その後、徳川家康が、関東入部とともに井の頭池からの流路を整備し、神田上水を整備した。しかし、江戸の発展にともない水不足を補うために、承応二年（一六五二）四月に玉川上水が開削着工され、同年一一月完成した。玉川上水は、多摩川の水を羽村《はむら》（羽村市）から取水し、四谷大木戸《よつやおおきど》（新宿区）まで約四三キロを通した。請負人の玉川兄弟とその子孫がこれを管理したが、元文四年（一七三九）から幕府直営となった。

神田・玉川両上水は、江戸城中や江戸市中に上水を供給するとともに、武蔵野新田の村々に生活・灌漑用水を供給した。玉川上水の場合、取水口《しゅすいこう》から主流を掘り、同時に南北に分水するよう、一番高い嶺を流している。『上水記《じょうすいき》』によると、分水三三か所のうち、吉宗時代より前に開かれたのが一一ヶ所、吉宗時代が一一ヶ所、吉宗より後が三ヶ所、不明八ヶ所である。分水の開口は、その地域の開発を示すものであり、吉宗時代には、武蔵野新田の開発は、ほぼ終わっていたといえる。のち、分水では水車も稼働した。上水もまた、〈江戸〉と〈多摩・武蔵野地域〉をつなぐ重要な役割をはたしたのである。

両上水の開削後、明暦《めいれき》三年（一六五七）の大火により、江戸市中から武蔵野地域への移住が見られた。西久保《にしくぼ》村（武蔵野市）は、江戸市中の西久保城山町《しろやまちょう》（港区）の住民が移転して開き、吉祥寺《きちじょうじ》村は小石川《こいしかわ》吉祥寺《きっしょうじ》（文京区）門前の住人が移住して開いたもので、吉祥寺村に同名の寺はない。さらに、連雀新田《れんじゃくしんでん》（三鷹市）の名前も、神田連雀町《れんじゃくちょう》（千代田区）の住人が焼け出され移転して開いたことに由来する。

武蔵野開発と小金井桜

八代将軍吉宗による享保改革は、武蔵野開発の最後のピークであり、新田八二ヶ村が成立した。町奉行でありながら、地方御用《じかたごよう》として新田開発を担当した大岡忠相《おおおかただすけ》が、重要な役割をはたした。大岡は、武蔵野新田の開発は、松林、栗林・竹林などを育成し、御林《おはやし》老木を払い下げ、地域を振興するとともに、江戸への材木供給も行わせた。

将軍吉宗は、江戸の四方、隅田川《すみだがわ》、品川《しながわ》、飛鳥山《あすかやま》に桜、中野《なかの》に桃を植えて行楽地を作り、玉川上水の

図7　小金井桜（歌川広重『富士三十六景武蔵小金井』）

両岸にも桜並木を植えた。上水の桜並木の植林の理由には諸説あるが、現在は観光客が新田地域にお金を落とすことによって、地域を豊かにするという地域振興説が有力である。

「玉川上水縁桜木之儀、享保年中植、立木ニ相成候後、武蔵國中ニまたとなき花之名所与成」（西東京市・下田家文書）と、のちに、これが名所「小金井《こがねい》桜《ざくら》」として成長し、広く知られるようになった。同じく享保期、大岡忠相の指示により、武蔵野新田には、栗も植林された。この栗は、将軍吉宗に上納される一方、江戸市中に売り出され、「武蔵野ノ栗」としてブランド化され、地域経済を潤した。

以上、二六五年の江戸時代は、江戸が首都機能を強化する過程であり、〈多摩・武蔵野地域〉は、これを支える首都圏として成長した。そして、同時にそれは、〈首都江戸〉と〈多摩・武蔵野〉の同質化過程でもあり、小金井桜は、二地域を結びつける役割を担った。こうした交流と同質化過程の延長線上に、今日の東京があるのである。

3 江戸市中から眺める富士の絶景

江戸時代、「泰平」のもと、富士山は国民的な信仰・鑑賞・観光の対象となった。街道が整備され、旅行ブームが起きると、多くの人が富士登山をするようになった。頂上まで登ることを許されたのは男子のみであったが、彼らは、病気平癒、安産などを願い、雨乞いもした。

江戸市中および周辺では、各地から富士山が望めた。たとえば、武蔵国豊島《としま》郡下高田《しもたかだ》村（豊島区）の場合、「下高田の山の手なる富士見台に富士見茶屋珍々亭」と、富士見台に富士見茶屋があり、晴天のときは富士山がよく見えた。眼下には田を眺望し、「十里の風光一眸に収まり其景筆舌に尽し難きものあり」と抜群の眺望であった（『高田町誌』）。この富士見台には、文化七年（一八一〇）に建立された、「目にかかる　時や殊更　五月富士」と、富士の絶景を称える芭蕉《ばしょう》の句碑があった（『角川日本地名大辞典13　東京都』）。

また、江戸市中・周辺の各地には平河《ひらかわ》・永田《ながた》、九段《くだん》（千代田区）、本郷《ほんごう》、大塚《おおつか》（文京区）、日暮里《にっぽり》（荒川区）、芝《しば》（港区）などに「富士見坂」の坂名が見られた（『角川日本地名大辞典13　東京都』）。さらに、享保一八年（一七三三）に藤原之廉《ふじわらしれん》が著した『江府名勝志《ごうふめいしょうし》』には、麹町《こうじまち》（千代田区）や小石川（文京区）に富士見坂があり、富士神社（本郷）、富士浅間社《せんげん》（浅草・亀戸）などの神社があったことが記されている。

その他、江戸駿河町《するがちょう》（千代田区）は、はるかに富士山が見えるので「富士の裾」とよばれ、この駿河町にあった三井越後屋《みついえちごや》も、「富士の裾野」とよばれた。川柳にも、日本橋《にほんばし》近辺が「江戸の眼《まなこ》」とよばれ、「不二山は江戸のまなこで見へる事」は、日本橋付近から富士山が見えることを歌い、「日本橋絵にかくときは富士を書き」「名山と名城晴る日本橋」は、日本橋、江戸城と富士山の構図を詠んでいる。「八百の眼で富士を不断見る」は、江戸市中いろいろな場所から、多くの人々が富士山を見ていることを詠み、「富士と吉原は江戸でも近所也」は、東海道の富士山の近くに吉原宿《よしわら》があるように、浅草の富士の近くに遊廓吉原があることをうたっている（粕谷宏紀編『新編川柳大辞典』東京堂出版、一九九五年）。

これら江戸と富士山の関係の前提には、徳川家康による天正一八年（一五九〇）「江戸打入り」以後の江戸の町造りがあった。それは、江戸城大手門《おおてもん》の東に位置する、町人町《ちょうにんまち》（下町《したまち》）の本町一～四丁目、駿河町、瀬戸物町《せとものちょう》、伊勢町《いせちょう》、本両替町《ほんりょうがえちょう》、本石町《ほんごくちょう》、本銀町《ほんしろがねちょう》（いずれも中央区）などから、江戸城の背景に富士山が位置づくよう、とくに駿河町は正面に富士山を望む位置に意図的に設定された（桐敷真次郎「天正・慶長・寛永期江戸市街地建設における景観設計」東京都立大学都市研究組織委員会編『都市環境整備研究報告』6—1、都市研究報告24、一九七一年）。

一方、文政六年（一八二三）に出島《でじま》のオランダ商館の医師として来日し、六年間滞在したフィリップ・

図８　駿河町から見た富士山（歌川広重『江戸名所　するが町』山口県立美術館・浦上記念館所蔵）

図９　富士塚（品川神社）

フランツ・フォン・シーボルトは、『江戸参府紀行《えどさんぷきこう》』において、「われわれが江戸滞在中、たびたび見た富士は実にすばらしかった。とくに視界が澄んでいる朝の涼しい時には、この天にそびえるピラミッドの山は間近にあるように思える」と、江戸から見る富士山を絶賛している。

富士山をめぐる芸術として、古代以来、宗教色の濃い富士図が発達したが、江戸後期、浮世絵や洋画の普及とともに、富士山描写も写実性を強めた。浮世絵師の葛飾北斎《かつしかほくさい》（一七六〇〜一八四九）の版画『富《ふ》嶽三十六景《がくさんじゅうろっけい》』『富嶽百景《ふがくひゃっけい》』、歌川広重《うたがわひろしげ》（一七九七〜一八五八）の版画『富士三十六景《ふじさんじゅうろっけい》』などは、その代表作である。江戸で大量に製作された版画は、安くて軽いため、江戸みやげとして全国に広がった。

富士山は、文学作品でも取り上げられた。享和二年（一八〇二）から文化一一年（一八一四）にかけて刊行され、ベストセラーとなった十返舎一九《じっぺんしゃいっく》の滑稽本『東海道中膝栗毛《とうかいどうちゅうひざくりげ》』には、「頓《やが》て元吉原（静岡県吉原市）を打すぎ、かしは橋といふ所にいたる。此所より富士の山正面に見へて、すそ野第一の絶景なり」（日本古典文学大系、一〇九頁）と、すそ野から見た富士山の美しさが記されている。

一六九〇年から九二年まで、オランダ東インド会社の医師として長崎出島のオランダ商館に勤務し、九一、九二年の二度にわたり商館長の江戸参府に随行したドイツ人医師エンゲルベルト・ケンペルは、『江戸参府旅行日記《えどさんぷりょこうにっき》』（平凡社東洋文庫）において、「その（富士山の）姿は円錐形で左右の形が等しく、堂々としていて、草や木は全く生えていないが、世界中でいちばん美しい山と言うのは当然である……日本の詩人や画家がこの山の美しさをいくらほめたたえ、うまく描いても、それで十分ということはない」（一五八頁）（一六九一年三月一〇日）と、その美しさを讃えている。

江戸後期、富士講行者《ぎょうじゃ》の食行身禄《じきぎょうみろく》（一六七一〜一七三三）ら後継者により、町人や農民の間に相互扶助組織の富士講《ふじこう》が作られた。とくに江戸の町で多く結成されたことから、江戸富士八百八講《はっぴゃくやこう》ともいわれた。彼らは、講単位で富士登山をしたが、これを迎える宿を経営したのが御師《おし》である。御師は、毎年九月から一二月にかけて、宣伝のために旦那《だんな》（富士講信徒）廻りをした。文政一〇年、甲斐国の御師小沢信濃家の場合、旦家《だんか》は、下総国四〇〇〇家、常陸水戸一万二〇〇〇家、江戸で大名三家、旗本一一家、町屋敷三二一家、町家五〇〇家、総計一万六五〇〇余あり、当時吉田の御師は四〇〇〇家から一万七〇〇〇家の旦家をもっていた（佐藤八郎「郡内領主小山田氏と御師衆」『甲斐路』第15号）。富士山が、武士・庶民の身分をこえて、広く信仰されていたことが知られる。彼らは、夏の開山期になると、そろいの白衣で、鈴を振り、「六根清浄《ろっこんしょうじょう》」（目耳鼻など六つの感覚器官が清くけがれのないこと）と唱えながら登山し、祈願したのである。

前述のように、登山できない者たちのために、関東各地に富士塚が築かれた。安永九年（一七八〇）江戸高田《たかだ》（新宿区）の戸塚神社の後ろに築かれた高田富士は有名である。今日、東京都には江戸時代築造とされる二五の富士塚が確認されている（百目鬼喜久男『江戸東京富士塚めぐり—富士塚のある社寺歴訪—』私製版、二〇〇四年）。人々は、これらの身近な富士塚に登山し、御利益にあずかったのである。

江戸時代の番付（ランキング）を見ると、たとえば天保二年（一八三一）以降大坂で版行された「大日本名山高山見立相撲」には、東の大関が出羽鳥海《ちょうかい》山、関脇が信州浅間《あさま》山、西の大関が肥後阿蘇《あそ》嶽、関脇が薩摩開門《かいもん》嶽以下全国の名山が並んでいる。このなかで富士山は、「勧進元三国無双駿河富士山」と、興行主の地位に記され、「三国無双」と別格扱いされている。また、年代不明であるが、大坂版行とされる「大日本名所旧跡見立相撲」には、東の大関が「大関駿河富士山」、関脇が奥州松島《まつしま》、西の大関が近江琵琶《びわ》ノ海、関脇が丹後天《あま》ノ橋立《はしだて》などが並んでいる。富士山は、全国の名所旧跡の最高位である東の大関にあげられている（林英夫他編『番付で読む江戸時代』柏書房、二〇〇三年、一九三頁）。さらに、安政六年（一八五九）「北口登山富士詣道中双六」（豊橋市二川宿本陣資料館編集・発行『道中双六』一九九八年、六五頁）は、江戸日本橋を振り出しに、甲州街道をへて富士山が上りとなる双六である。

江戸の「泰平」のもと、「旅」「芸術」「信仰」「遊び」など幅広いジャンルをつうじて、富士山は、国民共通の日本の象徴《シンボル》となっていったのである。

4 家康の遺骸はどこにあるのか——聖地日光と社参——

戦国の覇者と敗者

江戸幕府編纂の歴史書『徳川実紀《とくがわじっき》』によれば、徳川家康は、五つの大戦をへて天下を統一し、江戸幕府を成立させた。すなわち、第一の大戦は「姉川《あねがわ》の戦い」、第二は今川義元に敗北した「三方《みかた》ヶ原《はら》の戦い」、第三は「長篠《ながしの》の戦い」、第四は豊臣秀吉と引き分けた「小牧《こまき》・長久手《ながくて》の戦い」、第五は「関ヶ原の戦い」である。その後、徳川・豊臣両家の「冷戦」ののち、冬・夏両度の「大坂の陣」で豊臣家は滅びたのである。

『徳川実紀』は、最初の三つの大戦について共通点を指摘している。それは、室町幕府一五代将軍足《あし》利《かが》義昭《よしあき》との戦いということである。すなわち、家康は、織田信長とともに中世的権威・権力の中核にあった足利氏とこれにつらなる寺社、大名らと戦い、倒したと意義づけるのである。その後、強大な権力をもつ豊臣秀吉が、「惣無事《そうぶじ》」（「平和」）を実現し、「天下一統」を成し遂げた。しかし、自らの権力拡大に没頭し、強硬外交を展開したため、「平和」を維持する制度やシステムを整備できず、その政権は短命に終わった。豊臣家は戦国時代最後の「敗者」となり、家康が、戦国時代から江戸時代への最終的「勝者」となったのである。この家康が打ち立てた徳川政権のもとで本格的な「平和」国家・社会が確立し、これを維持する制度やシステムが構築された。「徳川の平和」の実現である。

久能山から日光山へ

江戸前期、武力とは異なる新秩序の形成に重要な役割を果たしたのが、南光坊天海《なんこうぼうてんかい》と以心崇伝《いしんすうでん》の二人の政僧である。二人は家康没後の神号をめぐり、天海が「大権現《だいごんげん》」を、崇伝が「大明神《だいみょうじん》」を主張し、激しく対立した。結果は、豊臣氏が「明神」を名乗って滅んだこともあり、天海が勝利し、以後天海は、三代将軍家光の信任を得て、幕政に大きな力を及ぼした。

家康は生前、側近の本多正純《ほんだまさずみ》と、天海、崇伝の三人を枕元に呼び、自分の臨終ののちは遺骸を駿府の久能山《くのうざん》（静岡県）に納め、葬儀は江戸の増上寺《ぞうじょうじ》（東京都港区）で行い、位牌は松平家菩提寺の三河大樹寺《だいじゅじ》（愛知県岡崎市）に置くこと、一周忌を過ぎてのち、日光山《にっこうさん》（栃木県）に小さな堂を建て、神として祀ること、また、崇伝が務める京都の南禅寺中金地院《こんちいん》（京都市左京区）にも小堂を建て、武士たちにあがめさせることを命じた。天海は家康の遺言に従い、一周忌後、日光に遷座した。

二一世紀の二〇一五年は家康没後四〇〇年にあたり、日光と駿府で、家康を祀るイベントが行われた。

このさい、駿府側は、「一周忌の際に移したのは御霊《みたま》のみであり、遺骸は久能にある」とアピールした。『駿国雑誌《すんこくざっし》』の「あればある　なければなきに　駿河なる　くのなき神の　宮うつしかな」という天海の句を、「く＝躯（体）」を駿府に置いたまま、御霊だけを移した、と解釈したのである。日光側は静観の構えであるが、遺骸がどちらにあるのか、将来の発掘調査、科学調査が待たれる。

京都要素の取り入れ

寛永二年（一六二五）、天海は江戸の上野（東京都台東区）に東叡山寛永寺《とうえいざんかんえいじ》を建てた。天海は京都と比叡山の関係を、江戸と寛永寺との関係になぞらえ、琵琶湖を不忍池《しのばずのいけ》とし、京都の清水寺《きよみずでら》を模して上野に清《きよ》水観音堂《みずかんのんどう》を造るなど、京都の要素を次々と取り入れていった。「首都」江戸の荘厳化をはかったのである。

先の家康の遺言では、駿府久能山と増上寺（港区）にも指示が及んでいた。しかし、家光は生前関係が良くなかった両親（秀忠《ひでただ》と江《ごう》）が眠る増上寺より、深く敬慕していた家康と、自らを補佐してくれた天海が共に眠る日光山に自分の霊廟を営むことを望んだ。さらに、家光が建立し勢力を拡大した寛永寺は、増上寺と同格になり、両寺は幕末までに将軍六人ずつを祀ることになったのである。

家光は、寛永十一年（一六三四）日光東照社《とうしょうしゃ》を大造替し正遷宮を行い、正保二年（一六四五）には朝廷から宮号を与えられ、東照社は東照宮へと格上げされた。さらに、翌年から毎年、東照宮に勅使《ちょくし》の例幣《れいへい》

図10　清水観音堂（上野）

使《し》を迎えることになり、東照宮祭礼は朝廷行事として国家儀礼に位置づけられた。四代家綱時代の明暦元年（一六五五）、上野寛永寺と日光東照宮を管理する輪王《りんのう》寺宮《じのみや》を朝廷から迎えた。こののち、東照宮信仰は全国各地に広まり、東照宮は日本の「平和」を守り、「国恩」を与える守護神に位置づけられたのである。

東照宮は、国際関係においても、日本を象徴する存在となった。当時、朝鮮からの通信使《つうしんし》や、琉球からの使節が東照宮を参詣したが、彼らは京都の朝廷にはあいさつをせず、江戸の将軍に会い、さらに日光に向かっている。東照宮は、対外的にも日本を代表する神になったのである。

享保モデルの伝統化

日光社参は、元和三年（一六一七）二代将軍秀忠が、日光に祀られた父家康を参詣したことに始まる。秀忠は将軍を隠退し、大御所となってから四回、三代家光は世嗣時代を含めて一〇回、四代家綱は二回、八代吉宗、一〇代家治《いえはる》、一二代家慶《いえよし》は各一回と、計一九回行われ、国家的イベントとなった。

八代吉宗は、初めて御三家の一つ紀州家から将軍になったが、彼は五代~七代の将軍が実現できなかった日光社参を復活した。吉宗にとって、宗家の祖家康を祀ることは、自らの地位と政治を正当化することであった。この吉宗の社参（享保社参）が、その後の安永家治、天保家慶社参のモデルとなったのである。

日光社参は、家康の神格化に作用した。しかし、家康が生前日光を訪れた記録はない。にもかかわらず、なぜ家康が日光を選んだのかは不明である。その後、家光により、家康神格化の拠点として、上野と日光が整備され、京都の権威を江戸に移植するという「天海プラン」に沿ったストーリーが展開され、この結果、家康は「平和」を実現したシンボルに祀り上げられたのである。ちょうどこの時期、家光はキリスト教を弾圧し、参勤交代制度を確立する。そして、現代日本に連なる、「首都」江戸を中心とする一極集中の国家・社会をつくりあげていく。つまり国家形成過程の〝国民統合の思想・装置〟として、東照宮信仰と日光東照宮が成立し、これを維持するシステムとして、日光社参が制度化されたのである。

5 国民統合のイベント　日光社参

徳川将軍家と日光社参

将軍や将軍職を隠退した大御所、あるいは将軍になるべき世嗣《せし》が、日光東照宮《にっこうとうしょうぐう》（栃木県日光市）に参詣することを日光社参という。東照宮には、徳川将軍家の初代徳川家康が祀られている。

家康は、二五〇年以上に及ぶ「泰平」の時代＝「徳川の平和」を幕開けした。歴代の将軍たちは、家康が実現した「平和」に感謝し、自らの将軍権力を全国に普及し、浸透させるために、くり返し大規模な社参を行ったのである。

日光社参は、家康の命日四月一七日に向けて、多くは四月一三日に江戸城を出立、当日は岩槻《いわつき》城（埼玉県さいたま市）に宿泊、一四日は古河《こが》城（茨城県古河市）に宿泊、一五日は宇都宮《うつのみや》城（栃木県宇都宮市）に宿泊し、一六日に日光に入り、一七日に祭礼を行った。帰りは行きと逆の日程で江戸城に戻った。

社参の行列は大規模で、大勢の大名・旗本などが供奉《ぐぶ》した。また、関東八ヶ国（武蔵、相模、上総、下総、安房、常陸、上野、下野）から、行列のために膨大な人馬が幕府領、大名領、旗本知行所、寺社領の別なく徴発された。安永五年（一七七六）の一〇代家治の社参では、人足二三万八三〇人、馬三〇万五〇〇〇疋を数えた（『甲子夜話』）。

最後の日光社参

天保一四年（一八四三）の一二代家慶《いえよし》の社参は、結果的に最後の社参になった。このとき家慶は上機嫌で、駕籠《かご》を下り馬や徒歩で進み、供の人数を数えるよう指示した。帰城後、書類で調べると、その数は八〇万人にのぼったという。街道には、大行列を相手に、農民たちが出店し、餅、団子、草鞋《わらじ》、足痛用の薬などを売った。

川には、行列を速やかに通すために、船を並べて板をしく船橋が設けられた。とくに利根《とね》川の船橋は、高瀬舟《たかせぶね》を多数並べ、土を敷き、左右に大竹で欄干《らんかん》を作るなど本格的だった。家慶は駕籠で渡るのは惜しいと、往復ともに徒歩で渡ったという。家慶はまた、幕府領だけでなく、私領の農民も含めて、親孝行者を褒賞し、奇特者に褒美を与え、貧しい者に施すなど、将軍権威を示した。さらに農作業をしている農民たちを見て、慰労もした。

「平和」と国民統合イベントとしての日光社参

将軍が「首都」江戸と日光東照宮を往復する日光社参は、「平和」を実現した家康の神格化に寄与するとともに、日本の国家・社会を一つにまとめあげる役割を果した。社参の期間中、日本中は厳戒態勢に入った。江戸市中をはじめ、街道沿いの町や村、関東地域はもちろん、社参と直接かかわりのない、

図 11　寛永 13 年（1636）徳川家光の社参行程
（『日光社参ウォーク記念誌』下野新聞社営業局，2015 年）

大坂、京都、さらに全国各地に、火の用心、静謐維持、通行規制などが命じられた。列島全体が厳しい戒厳令下に入り、社参と「平和」を意識・共有させられたのである。

江戸時代は、分裂国家・分裂社会の戦国時代を克服し、明治時代以後の統一的な近代国民国家を準備する時代であった。「平和」を実現した家康を祀る東照宮は、国民統合の装置・シンボルとして機能し、また「首都」江戸と東照宮を往復する日光社参は、「平和」、国民統合のイベントとしての役割を果したのである。

6

刀を抜かない武士たち

時代劇の変化―「チャンバラ」から「現代劇」へ―

本書冒頭でもふれたが、かつて時代劇に見られる江戸イメージは、正義の味方のヒーローが、悪代官や悪徳商人、そして用心棒たちを倒す「勧善懲悪」によるチャンバラがベースとなっていた。「水戸黄門」「暴れん坊将軍」「遠山金四郎」など「お約束」の立ち回りにおいて、彼らヒーローは、どんなに暴れ回っても、髷《まげ》や着物は乱れず、かすり傷も負わない、返り血も浴びない。「殺陣《たて》」という約束事、踊り、様式美の世界である。しかも、ヒーローたちは、どれだけ悪人を傷つけ殺しても、翌日お白州《しらす》で取り調べを受けたり、指名手配にならない。

しかし、これはリアル江戸では考えられないことである。いかに正しくても、弱者を助けるためでも、武力による解決、私的制裁は許されない。翌日、公儀の吟味を受けることになる。毎週、毎週、悪人を斬る余裕はないのである。

図12　水戸黄門像（水戸市）

私は、時代劇の考証を担当するとき、できるだけ斬り合いをしないで欲しい、斬るとしても峰打ちで打撲にして欲しい、やむを得ず斬らなければならない場合は、事後役所に届け無罪にしてもらうことにしたり、遺体を藩邸に隠し事件にしないようにするなど提案してきた。藩邸は、今の大使館や公使館と同じく、町奉行所の手が及ばないので、事件をうやむやにできるからである。

さて、時代劇の江戸時代とは異なり、リアル江戸時代は斬り合いが少なかった。当時来日した外国人たちは、次のような記録を残している。

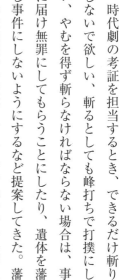

たとえば、一八六六年に来日したデンマーク人のE・スエンソンは、「帯刀した者たちの間で流血事件が起きたと耳にするのはめったになく、この国の人間の生来の善良さと礼儀正しさを存分に物語っている」（『江戸《えど》幕末滞在記《ばくまつたいざいき》』）と、チャンバラは少ないと述べている。

また、文久元（一八六一）から三度来日した外交官ルドルフ・リンダウは、「正当防衛以外の場合でなければ、路上で何人《なんぴと》も刀をぬけば、決まってこの上なく重い罪に問われるのである。槍の刃先、銃の銃口さえもが丁寧に鞘《さや》に包まれているのは、平和時に、なんなれと武器を人目に曝すことを禁じている厳しい禁止命令のためなのである」（『スイス領事の見た幕末日本』）と、武士たちが日常、武器を人目にさらさないと記している。

さらに、安永四年（一七七五）に来日したスウェーデンの植物学者ツュンベリーは、「幕府の役人は同じような二本の刀を携えている。うち一本は本人のもの、もう一本はお役目用の刀と呼ばれ、そちらのほうが長いのが常である。両方を同じ側の帯に差すが、互いに少し交差させている。役人が部屋に入って座る時は、通常、お役目刀を脇に置くか前に置く」（『江戸参府随行記《えどさんぷずいこうき》』）と、長刀はお役目用（公務）の刀、小刀は自分用（私用）の刀と記している。

このうち、小刀について、一七七九年に来日したオランダ人のイザーク・ティチングは、「すべて死より恐ろしい不名誉に陥ることを避けるためには、常に自殺のための道具を手許に用意しておくことが絶対に必要なことである」（『日本風俗図誌』）と、小刀は自殺用と記している。基本的に、小刀で他者を傷付けることはないのである。

一八五七年に来日したオランダ海軍の軍人リッダー・ホイセン・ファン・カッテンディーケは、「警察の機能は、騒動とか犯罪を、強力を持って防遏《ぼうあつ》するというよりは、これを未然に防止するように仕組まれている」（『長崎海軍伝習所《ながさきかいぐんでんしゅうじょ》の日々』）と、江戸の役人たちは、犯罪を武力弾圧するよりも、予防措置に力を入れている、と述べている。

一八六二年に来日したフランス人のC・モンブランは、「長い刀は戦の際の武器で、短い刀は自殺用の武器である。それ故友人の家を訪れた際にこれを身につけていても、何等《なんら》無礼ではない」(『モンブランの日本見聞記』)と、親しい人間の家では、長刀は預けるが、小刀は身につけていてもよい、すなわち、長刀は公務用、小刀は自殺用であるので、相手は不安や恐怖を感じないという理屈なのである。

一八五三年にペリーとともに来日したペーター・ベルンハルト・ヴィルヘルム・ハイネは、「刀を使用することは、戦争のとき以外は厳しく禁じられているから、白刃をひらめかせての戦いをするためには、火事場での手柄とか、特別な動機でなければ、刀を抜かない……警察官は、刀のほか、把手のついた短い棒(十手《じって》)を持っている。これで抵抗する犯人が手にする武器をたたきおとすのである。槍その他の武器の先端は鞘におさまっている」(『ハイネ世界周航日本への旅』)と、ここでも「ちゃんばら」はなく、役人は刀を使用しないと記している。たしかに、時代劇でも役人が刀を振り回して悪人を斬り捨てるシーンは、あまりない。浪人たちの長脇差《ながわきざし》に対して、「御用《ごよう》だ、御用だ」と不利な十手で対応したり、刺股《さすまた》で捕えたりするが、意外とこれはリアルだったのである。

以上、外国人たちの記録を見ると、江戸時代の武士たちは、やたらと刀を振り回すことはない。リアル江戸は、斬り合いの少ない時代だったのである。

大名行列も時代劇ではよく見かける。これについても、前述のように、一八五二年に来日したドイツ人ベルクは、「行列は皆声を立てずに動いて行くが、身分の高い人の行列にあっては、前を行く先触れが『下にいろ』、つまり『膝まずけ』と叫ぶ。それと同時にすべての者が平伏するのである。しかし、われわれが大名行例に何度も出会ったことがあるけれども、これは一度も見なかった習慣であった。民衆は恐れて道を避けるが、この権力者をさほど気にしていないのが常であった。われわれの見たところでは、大部分の者は平然と仕事をしていた」（『オイレンブルク日本遠征記』）と、大名行列が通っても、民衆は日常の生活や労働を続けていたと記している。時代劇では、大名行列が来ると、庶民は平伏して、通り過ぎるのを待つイメージが定着している、しないと無礼討ちに遭うように思われるが、これも正しくないのである。

明治の文明開化の過程で、江戸時代は実態以上に「野蛮」「未開」「抑圧的」な時代として描かれてしまったのである。

III

吉宗と国家再編

——「統治《ガバナンス》」と「危機管理《リスクマネジメント》」——

1

転換期の将軍——吉宗の国家再編——

「大きな政府」への道

徳川家康に続く転換期のリーダーとして、八代将軍吉宗《よしむね》があげられる。吉宗は、幕初以来一〇〇年以上続いた将軍家（徳川宗家）の初めての血統断絶という危機を受け、御三家第二位の紀州《きしゅう》家から、第一位の尾張《おわり》家を抑えて将軍に就任した。ここに将軍家の新たな血統が成立したのである。

吉宗は、将軍予備軍として育てられた歴代の将軍とは異なり、先例や格式にとらわれず大規模な改革を断行した。二九年一ヶ月におよぶ享保改革《きょうほうかいかく》は、まさに江戸時代を二分する大改革であった。

享保改革の前提には、元禄《げんろく》時代（一六八〇〜一七〇九）のバブル崩壊後の経済停滞とともに、「米価安の諸色《しょしき》（物価）高」とよばれる物価問題や、疫病流行・災害多発など社会不安の高まりがあった。しかも、これに対応すべき幕府政治は、将軍の指導力の低下、幕府財政の悪化、新参派と譜代派の対立などにより著しく停滞していた。享保改革は、こうした状況のなかで、当時三二〇〇万人といわれる国民の生活を、いかに維持・安定させるか、という課題に対する吉宗の回答であった。

吉宗の回答とは、国内諸地域や諸集団の自主性・自立性を規制し、中央政府＝幕府の権力を強化することによって、国家機能・公共機能を拡大するというものであった。吉宗は、国民生活を維持・安定化するために、幕府中心の高負担、高福祉政策、「大きな政府」「強い政府」による国家主導の道を選んだのである。

吉宗「革命」政権への期待

吉宗の将軍就任について、儒学者室鳩巣《むろきゅうそう》の書簡をまとめた「兼山《けんざん》秘策《ひさく》」は、「此度《このたび》大猷院《たいゆういん》様御血脈は御絶被成候、去年東照宮百年にて、当年百一年目に又御元祖の御脈へもどり申候、是皆天命にて人力の預り申候処には無之と奉存候」（『日本経済大典』第六巻）と、三代将軍家光（大猷院）以来の血脈が絶え、元和二年（一六一六）の家康（東照宮）没後一〇一年目に元祖血脈（家康の血統）に復したと意義づけ、この偶然は「天命」であり、人の力の及ぶところではないと述べている。

また、享保五年（一七二〇）から一三年まで加賀藩の家老を務めた今枝《いまえだ》民部直方《なおかた》は、享保二年に当時の幕政や世情を「享保革命略史」（加越能文庫所蔵）としてまとめたが、その末尾で、「延宝ト享保ハ継世ノ革命ナリ、文照《ぶんしょう》公ヲ御養君トシテ護持シ給フト、有章《ゆうしょう》公ノ御相続ハ革命ノ内ニテモ順道ナレハ、延宝、享保トハ一同ニ不可称者乎」と、延宝八年（一六八〇）の徳川綱吉の五代将軍就任と、享保元年の吉宗就任を「革命」と表現している。この「革命」は、ヨーロッパで見られるような支配階級の交代(revolution)の意ではなく、中国の「易経」(陰陽にもとづく思想)に見られる「天命が革《あらた》まること、すなわち、王朝・王統が代わって新たな統治者が生まれることをいう。六代将軍家宣(文照公)から七代家継(有章公)への父子相続を「順道」とし、延宝と享保を「革命」としているのはこの理解に基づくものである。

このように、吉宗の将軍就任は、将軍家の新たな血統の成立を意味した。こののち、吉宗の血統は、一四代家茂《いえもち》まで続く。一五代慶喜《よしのぶ》は御三家水戸家の出身であるが、吉宗が創設した御三卿の一橋家に養子に入ってからの将軍就任である。吉宗の将軍就任は、将軍家の歴史上、江戸時代を二分する「革命」だったのである。

「兼山秘策」はまた、吉宗の就任について、「東照宮御曾孫に候へば……殊に御英明の御聞も有之……此上には天下の御長久の基と群臣奉安堵候御儀に御座候」と、吉宗が家康の曾孫であり、英明の聞こえがあることから、天下平穏のもとになると、大名や旗本が安堵していると記している。

さらに「兼山秘策」は、「頃日天下一と申諺定て御聞可被成候、是は目出度諺にて候、天下一の君に御成可被成と奉仰望候……東照宮より当御代まで八代にて下字の小点有章院様に当り申候」と、当時「天下一」ということばが流行っているが、これは天下一の総画数が八画であり、一画に一代ずつあてると、八代の吉宗で天下一の字になる。つまり、吉宗は天下一の名君になるというのである。なお、下の字の点は七画目であるが、八歳で早世した七代家継（有章院）にあたるという。

六代・七代将軍の侍講《じこう》を務めた新井白石《あらいはくせき》の自叙伝『折《おり》たく柴《しば》の記』には、「当家譜代の御家人など申さるゝ人々の、只今迄は、幼主の御事、いかにこゝろぐるしかりしに、今より後は、御家の事すでに定りぬなど、相賀し申され」と、吉宗が将軍になったさい、譜代の幕臣たちが、これまでは将軍が幼かったので、たいそう心配していたが、今後は御家も安泰だと喜んだという記述もみられる。

吉宗は国民的期待の中で、新たな血脈を開いたのである。

2

国際化する吉宗

実学尊重と国際化

吉宗の教養や関心について、室鳩巣《むろきゅうそう》は、「御文盲に御座なされ候」「御学文　御好みの儀は承り申さず候」「粗鄙浅露《そひせんろ》の四字を出で申さず」（「兼山秘策」）と、教養の浅さを酷評し、六代将軍家宣の正室天英院《てんえいいん》の父である近衛基熙《このえもとひろ》も、「和歌においては尤も無骨なり、笑ふべし、〳〵」（「基熙公記」）と、厳しい評価を下している。鳩巣はまた、吉宗への講義に先立って、吉宗側近から、長々と講義せず要点をしぼって話すよう依頼されている（「兼山秘策」）。たしかに、吉宗は当時の社会において教養とされた儒学や和歌などの教養と関心は乏しかったようである。

しかし、他方吉宗は、法律・農政・天文・気象・地理・医学・薬学・蘭学など、実用的・実学的な学問には深い知識と関心をもっていた。彼は、江戸城内の将軍の生活空間である奥の一部に専用書庫（「御書物部屋」）を設け、実用的な学問に関する書物を収蔵している。

法律については、中国の明の法律の研究を命じ、天文については、オランダから望遠鏡を取り寄せ、自ら渾天儀《こんてんぎ》や簡天儀《かんてんぎ》（いずれも天球儀）を製作した。太陽高度や雨量を測定させ、神田佐久間町《さくま》（東京都千代田区）に天文台を設けている。

地理への関心も強く、国絵図《くにえず》や城絵図《しろえず》をいつもながめ、江戸の郊外に出かけるときは、地図を持参した。「日本地図」も作らせた。無人島に漂流し二〇年間過ごした者を江戸城に呼び、島の様子や風土を尋ねている。

薬学にも通じ、中国や朝鮮の医学書・薬学書を座右に置いた。吉宗は専用書庫の近くに御薬部屋を設け、自ら製薬して幕閣、側衆、女房、大名らに与えている。全国各地に朝鮮人参《ちょうせんにんじん》を植えさせ、国産化と普及に努めた。

古文書にも関心を持ち、関東を中心に民間の古文書を収集した。この成果は「諸州古文書」としてまとめられ、幕府のアーカイブズになるとともに、地誌編纂用の資料となった。また収集作業は、民間社会に古文書を尊重する気風を生んだ。

博物学にも強い関心を持っていた。博物学は、動物・植物・鉱物・地質などの天然物を収集・記録・分類・考察する学問であり、今日の動物学、植物学、薬学などの母胎となった。吉宗は、本草学《ほんぞうがく》（薬物を中心とする自然物を研究する学問）の稲生若水《いのうじゃくすい》の大著「庶物類纂《しょぶつるいさん》」全三六二巻を、幕府医官の丹羽正伯《にわしょうはく》に命じて増補させた。全一五一四巻、内容は、動物、植物、鉱物など三五九〇種を二六に分類している。

この作業過程で、地域ごとに読み方が異なる産物が、図絵などによって比較検討された。まさに、一大博物図鑑の完成であった。

本草学研究の分野では、それまでの稲生に代表される儒教的・読書人的教養主義の学統に対して、この時期丹羽のほか、阿部将任《あべしょうおう》、野呂元丈《のろげんじょう》、植村左平次《うえむらさへいじ》など実践的・技術者的な学統が台頭した。後者は、このののち田村藍水《たむらちんすい》、平賀源内《ひらがげんない》など、近代科学へ連なる研究者たちを生み出している。

海外への関心

吉宗は、「鎖国」下にあって、海外に関する知識・情報に強い関心を持った。

オランダ商館の日本人通訳官の記録によると、吉宗は、まず軍事分野において享保二年に西洋馬の情報を集め、六年には江戸城の馬場でオランダ人が馬上からピストル射撃するのを密かに見た。八年には甲冑《かっちゅう》、ヘルメット、銃、ピストル、剣、野砲《やほう》などの西洋式武具・兵器を輸入し、火縄銃《ひなわじゅう》による甲冑への試射を命じている。一〇年には大型西洋馬を、調馬師とともに来日させている。

工学分野では、享保二年江戸城にあった古い西洋時計の修復を依頼し、一九年に置時計や懐中時計を輸入し、二〇年にはオランダ人時計師を来日させた。この他、一二年には船で使用するジャッキとクレーンの模型を作らせている。

医学・薬学分野では、享保六年に胡椒《こしょう》苗木を輸入し、一〇年にはココ椰子《やし》を輸入した。また、九年にはアムステルダムで出版されたアンブロアス・パレの外科専門医学書の翻訳を命じ、一〇年には小石《こいし》川養生所《かわようじょうしょ》（文京区）の患者をオランダ人医師に診療させた。一三年以後ケシの種子など苗木・種子あわせて三〇種類の薬材植物を輸入した。その他、サフランや琥珀油《こはくゆ》などの薬品も輸入した。

天文学分野では、享保二年オランダ商館長《しょうかんちょう》らに、側近を通じて天体観測儀の用法を尋ねた。三年には通詞《つうじ》を遣わして太陽の高度を測定できる者がいないか尋ね、四年には天文方《てんもんがた》役人が天体運行について尋ねている。商館長らはこれらに十分答えられず、吉宗の疑問や関心が彼らの知識を上回っていたことがわかる。六年にはイギリス製の望遠鏡が届けられた。一四年には側近がオランダ暦法などを尋ね、元文元年（一七三六）には儒官が惑星の構成、日食・月食などについて尋ねている。こののち、多数の大型・小型の望遠鏡やオランダ暦も取り寄せている。

図13　享保14年来日の象（川鰭実利画『象之図』国立国会図書館所蔵）

人文学分野では、享保二年吉宗は商館長ら

に、側近を通じてヨーロッパの鷹狩《たかがり》の様子を尋ね、ヨンストン著「動物図説」の翻訳協力を問い合わせた。こののち、「動物図説」のなかから、猟犬、愛玩犬、火食鳥《ひくいどり》、孔雀、駝鳥《だちょう》、麝香猫《じゃこうねこ》、七面鳥、インコ、九官鳥、カナリアなどの珍しい動物を輸入した。享保一四年には象も渡来させている。その他、船舶や地理に関する情報も得ている。

さらに、吉宗は西洋の政治、風習、生活についても関心をもち、商館長に遣いを出して、さまざまな質問をし、また体験を指示している。たとえば、享保二年には、通詞を派遣してオランダの家屋と消防方法について質問し、九年にはオランダ人にクッキー、ビスケット、ボールなどを調理させた。また、奥坊主《おくぼうず》たちを派遣し、テーブルクロスの上で、銀の大皿、スプーン、フォーク、ナイフ、ナプキンを使い、ビール、ワイン、オランダ風に調理した白鳥など西洋料理を食させた。一七年には儒官《じゅかん》を遣わしオランダ人の食事の回数を尋ねた。

享保一〇年には、オランダにおける本の虫食い対策を尋ねている。同一二年には、大通詞《だいつうじ》らがオランダにはどのような休日があるか、米や穀物などの保存法はどのようなものか、人の名前の付け方はどのようなものか、など三〇問、奥坊主らが放火犯・殺人犯・泥棒・強盗犯などの刑罰、両親・姉妹・主人・雇い主などを殺した場合の刑罰、国家反逆罪は死刑となるか、バタビアおよびオランダの州の統治について、各州の大きさなどを尋ねている。同一六年には、幕府儒官らがオランダの七つの州はどのような者が統治しているのか、彼らはいかなる権限を持ち、宣戦布告は誰が行うのかなど六三項目を質問した。

元文四年、北方に帆船《はんせん》があらわれたさい、吉宗はオランダ人に調査を依頼し、ロシア船であるとの情報を得た。吉宗はさっそくオランダ商館に対して、ロシア国の大きさ、日本との距離、ロシア帆船の実態、ロシア人の言語・体格・キリシタンか、など一〇項目にわたり問い合わせている（今村英明「徳川吉宗と洋学（1）～（3）」『洋学史研究』第一九～二一号、同「徳川吉宗と『和蘭問答』」片桐一男編『日蘭交流史―その人・物・情報―』思文閣出版）。

享保五年、吉宗は洋書の輸入禁止を緩和した。ここでの洋書とは、ヨーロッパの書籍を中国で漢文に訳したものである。

洋書の輸入禁止は、三代将軍家光の時代に行われた。寛永七年（一六三〇）に中国船が長崎に運んできた書物のうち、キリスト教宣教師の手になる三二種の漢訳洋書の輸入を禁止し、以後輸入書籍は検閲制となった。五代綱吉の時代には、この方針が強化され、一言でもキリスト教に関する言葉があれば焼却、あるいは墨塗りのうえ差し戻しとし、ときにはその船の商売すべてを禁止するという厳しいものとなった。

吉宗の緩和策は、こうした方針を改め、キリスト教の噂程度の記事ならば、輸入を許可するというものであった。従来禁止されていた家光時代の三二種のうち一二種、綱吉時代以降に禁止されたうちの七種が解禁された。享保末年には、オランダの文献を直接利用するために、青木昆陽と野呂元丈にオランダ語の習得を命じている。

以上のように、吉宗の海外に関する知識や情報は、彼の個人的な趣味・嗜好の枠を越え、のちの日本の政治や文化に大きな影響を与えた。鎖国日本において、彼が開いた証拠・データ（エビデンス）を重視する博物学・実学の政治は、同時に日本の国家と社会を、広くヨーロッパと結びつける役割を果たしたのである。

3 官僚システムの整備——低成長時代の享保改革——

官僚制の整備

江戸時代を一本の長い物差しとみて、これを真ん中から折ると享保二一年（元文元、一七三六年）が折り目になる。それは、一五人の将軍のちょうど真ん中、八代将軍吉宗の時代でもある。吉宗が主導したのは、元禄時代までの高度経済成長が終わり、長期の低成長時代を迎える時期で、新たな状況を前に、政治主導のもと、国家や社会を低成長型スタイルに切り替える改革であった。

吉宗のブレーンの一人、儒学者の荻生《おぎゅう》徂徠《そらい》は、著書『政談《せいだん》』において、「国のしまり、財の賑《ほどこ》しの仕よう……なおまたこれを捌《さば》くは役人なり」と、改革の課題を、統治体制の強化と財政再建と位置づけ、それを担当するのは、官僚であると記し、官僚の役割と重要性を指摘している。

吉宗は官僚制を整備し、国家政策・公共政策を展開した。たとえば、全国の人口調査を初めて行っている。それまでの日本政府は、この列島に何人いるか知らずに政治をしていたが、この調査により、全国三二〇〇万の人口が初めてカウントされた。諸国の物産・資源調査も実施した。吉宗は、客観的なデータを整備し、これをもとに政治を行ったのである。

吉宗は二九年一ヶ月間、享保改革の陣頭指揮を執った。この間、政変、クーデター、革命、戦乱、テロなど劇的な変化は一切なかった。息の長い静かで着実な改革であった。この改革において、吉宗は「国家的集中・統合」を図り、国家が社会の隅々に手を差し伸べる「大きな政府」「強い政府」を目指した。国民の平等・福祉のための「高負担・高福祉」の政治と社会を目指したのである。

近年、世界各地で見られる「市場原理・競争原理」にもとづく「小さな政府」とは正反対のベクトルである。逆に、当時吉宗の政治を批判した尾張藩主徳川宗春《むねはる》の自由と個性を尊重する政治は、「小さな政府」と通じるものがある。しかし、吉宗により宗春が失脚させられたのち、「大きな政府」による国家機能・公共機能が強まる。規制は強化され、列島社会は均質化・同質化する。中央集権化により江戸一極集中が進み、官僚主義をはじめ、株仲間など業界による市場統制が進み、官僚や政治家との癒着が進む。日本型社会・日本型システムの成立が見られるのである。

「大きな政府」のもと、増税を主導した勘定奉行《かんじょうぶぎょう》の神尾《かんお》若狭守春央《はるひで》は、「百姓と油は、絞れば絞るほど出る」と言ったといわれる。しかし、彼は決して特権的な立場から増税を指揮したわけではなく、農民への演説で、「人は大切之ものなれ共、法ニハかゑられぬ、法を背ケハおれでもたまらん」と、自分もまた法によって規制されていると述べている。こうした厳しい法規制にもとづく年貢増収をベースに、吉宗は小石川養生所（文京区）などの医療政策、郷蔵《ごうぐら》などの飢饉政策、防火・物価などの都市政策、河川普請などの防水政策など、さまざまな国家政策・公共政策を展開した。

一方、尾張藩主の徳川宗春ら、享保改革に反対する「小さな政府」派は、厳しくこれを批判する。たとえば、改革派の松平左近将監乗邑《まつだいらさこんしょうげんのりさと》批判を集めた史料「松平左近将監風説集」には、「左近、伊予《いよ》、若狭《わかさ》之類、めったになべの中に杓子《しゃくし》を入れ、度々こねまわすゆへに、魚の形はくずれ、どろがゆのごとくに、世上を仕なし候事、只々かまわずに打捨置《うちすておき》候へば、自然と世も豊かに被成候事」と、松平乗邑らが、鍋の中をやたらと杓子でこねまわすので、魚の形は崩れ、泥粥のようになってしまった、世の中は、かえって何もしない方が豊かになるのに、と幕府の市場介入を批判している。また、同史料には、「役人とも世話やき候内は次第に米も下直《げじき》に成り、当秋かまはずに打捨置候へば、高直《こうじき》に成り候事、考へぬべし、物の値段相場は天地の変にて、中々以て御公儀の御威光にても及びがたく、能々了簡《よくよくりょうけん》あるべし」と、役人がさまざまな政策を展開しているのに米価は維持できず下落する一方、何もしないでいたら上がったという。米価が下がって困るのは、年貢米を市場に出す武士と農民である。このため幕府は、米価を上げようと市場介入する。しかし結局、物価は「天地の変」すなわち市場原理＝需給関係で決まるもので、公儀の威光ではどうしようもないと記している。

享保改革以後、幕府の政策は官僚制の整備と規制強化という「大きな政府」の方向で進む。享保改革では、家禄が低くても重要ポストに就任できる「足高《たしだか》の制」が採用された。京都町奉行所与力《よりき》の神沢杜《かんざわと》口《こう》は、著書『翁草《おきなぐさ》』において、「御勘定所の勤こそ少しの働も際立て立身も足早なれ、享保の以後御勘定奉行の内、杉岡佐渡守、細田丹波守、神谷志摩守、神尾若狭守、荻原伯耆守の類、各軽士、農民より出たり、此外にも多く有べけれども、一々考るに不遑《いとまあらず》」と、農財政を担当する勘定所の役人は、少しの業績でも目立ち、出世も早い。享保改革以後、勘定奉行のうち杉岡らは身分の低い武士や農民の出身であり、他にも同様の人は多数いると記している。そのうえで、「是其筈《そのはず》の事なり。其所以《ゆえん》は古来当役は五、六千石の分限の面々へ仰付られし事なれども、中頃諸役御足高を被定し砌《みぎり》、当役も三千石高に成ぬれば、持高小身の面々も器量次第自由に御役勤る故、御勘定の諸士一統に励みて、平勘定《ひらかんじょう》は組頭《くみがしら》に成ん事を欲し、組頭は吟味役《ぎんみやく》を望み、吟味役は奉行を羨み、相供に進転せん事を励むに依り、近世他役より此へ転ずるは希にして、多くは平勘定より段々上がり、奉行迄も進む故に、右に記する面々も皆其の類なり」と、かつて勘定奉行は、五〜六〇〇〇石級の家の者が就任したが、足高の制により役高三〇〇〇石となり、石高の少ない者も器量次第で勤められることから、勘定方の者たちは皆励んで、平勘定は組頭に、組頭は吟味役に、吟味役は奉行に昇進することを望むようになった。他の役職から勘定方に異動するのは珍しく、多くの勘定奉行は、平勘定から昇進した者であると記している。実力主義・能力主義の時代に入ったことがわかる。

吉宗は、このような、今日まで続く官僚システムを整備したのである。

新官僚の増税

「大きな政府」の官僚制整備のもとで台頭した新官僚たちは、全国各地で増税を実施した。埼玉県越谷市域の史料には、「御取箇《おとりか》相増し、中々以て此上何程相増候哉、際限もこれなき様子にて」(「西方村旧記」『越谷市史』)と、年貢が増えて、この先果てしない様子だと不安を記している。

先の「松平左近将監風説集」によれば、乗邑らは、「古来の儀ハ夢にも不存、百姓を取り倒しても取立候を御奉公と存じ」「伊奈半左衛門ぬるく候と申、支配を引かへ新御代官共夥敷《おびただしき》高免《こうめん》ニ申付」と、伊奈農政を手ぬるいとして、新しい代官と交代し、年貢を次々に増やしていったことが記されている。関東代官の伊奈家は、天正一八年(一五九〇)の徳川氏の関東入国以来、世襲で関東農政を担当してきた。新代官らは、伊奈氏の伝統的な農政を批判・圧倒し、農村支配を展開していったのである。

同史料には、「伊奈半左衛門之林之事、田畑取ケの事、古法の道理を申達し候得者左近将監不用、夫ハ古来の法にて回り遠く当然の御用に不立候不益也と新田開発申付、秩父山御林も伐取らせ候事眼前御金納候事斗を御為とおもひ不了簡、半左衛門の了簡とハ雲泥の違也」と、伊奈が古来からの林政・農政の道理を説いたものの、松平乗邑は採用せず、それは昔の方法で面倒であり、さしあたっての用事には間に合わないと新田開発を命じた。秩父の御林(直轄林)も開発を命ずるなど、眼前の利益だけを「御為」と考える見識の浅さは、伊奈半左衛門の了簡とは大違いである、と批判している。「大きな政府」

図14　皇居近くにある霞が関官庁街

を目ざす新官僚たちにより、近世初期以来の伊奈氏の農政は批判され、権限は縮小されたのである。

享保改革の政策は多岐にわたるが、政策を担う官僚制の整備は重要である。官僚制の基本は、恣意を排し、法に則った合理的かつ、公平なサービスである。今日、県庁、市役所、区役所、村役場などの役人が、個人の判断や感情で行政にかかわることは許されない。「窓口に朝に行くと断られるけれども、夕方に行けば大丈夫」、「窓口があの人のときはだめだけど、この人ならいい」などというのでは困るのである。こうした不公平・不公正を排し、行政を合理化するのが官僚制であり、だからこそ、市民は安心、信頼して役所に行ける。吉宗は、この官僚制を整備・発展させたのである。

4 官僚制を支えた公文書《アーカイブズ》

法とともに官僚制を基礎から支えたのが、公文書《アーカイブズ》システムであった。享保改革の公文書政策を最も強力に展開した部局は、農財政を担当する勘定所である。享保八年（一七二三）八月の「御勘定所勤方之覚」によれば、「御勘定所諸書物帳面之儀、近き年より段々に仕分け目録致し置、其外御多聞に有之分も右同前にしらへ置可被中聞候……諸書物混雑無之、平生見合に可入書物は仕立置」と、近年、勘定所の書物や帳面を徐々に分類し目録を作り、その他多聞《たもん》（石垣上の長屋）などにある分も同様に調べるようになった。今後、文書を乱雑にせず、普段から参照する書類を整備するよう指示している。吉宗の時代に、江戸城所蔵の勘定所関係の公文書の整理が始まったことが知られる。

この公文書整理について、勘定所官僚の大田南畝《おおたなんぽ》は、のちにこの目録を写し、編纂書の『竹橋余筆《ちっきょうよひつ》』に収録している。ここには、「享保八卯年調方始ル」とあり、大手門《おおてもん》多聞分の文書が長持《ながもち》四〇棹《さお》、半長持一三棹、小箱六つ、俵《たわら》八六八、叺《かます》三五九に納められていたことが記されている。土蔵分、座敷分も同様で、ここに、江戸城内の勘定方アーカイブズの「現状記録」が示されたのである。

つづいて、史料名による分類が行われ、郷帳《ごうちょう》八五〇六冊、検地帳《けんちちょう》七二四七冊、反別帳《たんべつちょう》二八〇〇冊、人別帳《にんべつちょう》三四六九冊、その他、高札《こうさつ》、証文、条目、神社御普請御帳、村鑑《むらかがみ》など、まさに国家運営のための帳簿リストが作成された。この調査により、計九万四二〇〇冊余が分類・カウントされ、目録化されたのである。江戸城勘定所関係史料は、こうして保存され利用に供されることになったのである。

この公文書整理は、行政効率を大きくアップさせた。延享二年（一七四五）九月の達《たっし》によれば、「前々者致混雑旧例見合之儀早速難成候処、享保八年卯年より有来諸帳面諸書物、年分ケ、類分ケ、郡分ケ等に致し置旧例見合に無差支様に仕候事」と、従来は文書が混乱していたが、享保八年以来の整理により年別、種類別、地域別に分類整理されたので、旧例を参照（レファレンス）するさいに、効率が良くなったと記している。

ただし、このアーカイブズ政策＝文書主義化についていけない役人もいた。元文元年（一七三六）四月の幕閣から勘定奉行への達によれば、「代官の輩各所管の地、常に怠慢なく心を用ひて査検し、しかるべき事あらば、其品により命ずべきに、或ははゞかり、あるいは古来の習風にかかはり、捨をく事もあるよしきこゆ……いささかの事ども、文書もてとり扱ふゆへ、事になれざる輩は、文書を専らとして実意をうしなひ、そが上無益に日をついやし、要とすべきことは、かへってをろそかになれば奉行等よく心して取扱ふべし」と、代官が怠慢なく支配地に命ずるべきなのに、遠慮したり旧習にとらわれて、そのままにしておくことがある。少しのことでも公文書を作成するので、公文書に慣れない代官は、作成のために多くの時間を使い、本来の仕事ができなくなっていると記している。
従来、口頭で伝えたり、慣例で「去年と同じ」としていたのが、すべて文書で提出するようになったため、古いタイプの代官たちが困ったのである。公文書の書き出しは、「一札之事」か「乍恐以書付奉申上候」か「覚」か、宛名の高さは、名前の序列は、など代官たちは悩んだのである。公文書システム導入による現場の混乱がうかがえる。これにより、現代の役所や会社においてワープロ、パソコンなどIT化が進むなかで、それに適応できずに悩んだ人々がいたことと似た状況があったことが知られる。

こうした公文書政策の背景には、吉宗のブレーンで儒学者の荻生徂徠《おぎゅうそらい》の意見があった。徂徠は、吉宗に献策した著書『政談《せいだん》』において、官僚制とアーカイブズについて次のように記している。すなわち、「何役にても頭役《かしらやく》・添役《そえやく》・下役《したやく》・留役《とめやく》と四段に立て、あるいは軽き役には添役を除きて三段にも立て、あるいは殊の外に軽き役は添役・下役を除きて二段にも立て置き、頭役は是非ともに一人にすれば、その役の事しまりて我々《(割々)》にならず、身を踏みこみて勤めでは叶わざる事也。添役は一人、あるいは両人、頭役に僅か一階ほど下にて、さのみは劣らぬ者を申付けおく時は、相談の相手にもなり、また目付にもなり、病気・差合の時も事欠かず、下役はまた添役に一階も下なる人を、二人なりとも三人・四人なりとも、役儀に依りて五人・六人も申付けおく時は、その役儀の事を品を分けて司どりて丁寧なり、留役は軽き役にて、一役の事を帳に書留さすべし」と、どの役であっても、頭役・添役・下役・留役の四職階を立て、軽い役の場合は添役を除き、さらに軽い役の場合は添役と下役を除く。頭役は対立しないように一人とする。添役は頭役に少し実力が劣る者とし、頭役の目付け(監視)や頭役が病気や都合の悪いときの交代要員とする。下役は添役にまた少し実力が劣る者を、二人〜六人ぐらいを置き担当を定める。そして、最後の留役は記録係、書記官であるが、軽い役とは言いながら決して除いていいとは言っていない。荻生徂徠の公文書を残す、アーカイブズ化する、行政を効率化するという意図が知られる。

徂徠は、どうしてこのようなことを考えたのか。『政談』では次のように説明している。「何の役にも留帳これなく、これ宜しがらざる事也、大形は先例・先格をそらに覚えて取扱う故に、覚え違いある也。留帳に類分けをしておく時は、手間取らず知るる事也。当時はその役に久しき人内証にて書留をしておく人あれども、面々の手前にてしたる事ゆえ、多くは甚だ秘して同役にも見せず、手前の功ばかりを立てんとす。新同役出来すれば、我に手をさげさせて少しずつ教えて、いつまでも我が手に付けんとする事当時専ら也。これにより諸役ともに皆同役一味して、何事をも上へはぬりかくして申し上げず。また新役に器量の者ありて独り立ちて思い入れ御奉公をする事ならず。これ留帳なき弊也。留帳ある時は、新役人もその帳面にて役儀の取扱い相知るる故に、御役仰付けられたる明日よりも役儀勤まるべし。その上留帳なき時は、先格・先例にこれなき事なれども、丁簡して見れば必ずあるべき事などのあるをも、兼て吟味し工夫をして置くべきようなし。総じて役人茫然として役儀の事に暗きは皆留帳のなき故也」。すなわち、役人たちは大抵、先例や先格を記憶して任務にあたるが、覚え違いがある。しかし、留帳に分類しておけばすぐにわかる。最近はその役職に長くいる者が私的にメモを作っているが、これは秘密であり同役にも見せず、自分の手柄ばかりを立てようとしている。新たに同役が任命されると、少しずつ教えいつまでも自分の下に置こうとする。このため、役人が皆一味となり、不都合なことは上役に隠し、また新役で器量のある者が就任しても一人立ちして奉公できない。これは留帳がないためである。留帳があれば、新人もこれを参照できるので、任命された翌日から仕事ができ、たとえ留帳に記載がなくても推測して調べれば似たような例が見つかる。総じて役人が仕事に不慣れなのは、留帳がないためである、と述べている。

官僚制にとって、いかに公文書が大事か認識した記述である。すなわち、だれがそのポストに就いても、留帳（公文書）システムが整備されていれば、すぐに仕事ができるのである。たとえば、元禄一四年（一七〇一）浅野《あさの》内匠頭《たくみのかみ》長矩《ながのり》が、もし、巷間言われているように、相応の謝礼無しで教えてもらおうとしたならば、当時の政治風土・政治文化から言って正しい情報を得ることは困難である。それは、吉《き》良《ら》上野介《こうずけのすけ》義央《よしなか》が、先祖代々蓄積していた作法・仕来りを、謝礼なしで指南を受けようとするものであり、当時においては無理がある。それを恨んで浅野が吉良を斬り付け、さらに、それがうまくいかなかったからと四七名の家臣が討ち入りするなど、言語道断ということになる。公文書システムが確立する以前の情報をめぐる事件といえる。

徂徠は、さらに文字についても記している。すなわち、「御政務などの留帳を真字（漢字）にて認《したた》め……総じて日記などを仮名にて書く故、先例を繰る時、急には見分けられぬ事にて、当時は何ぞ先例を繰る時に、日記は急に用に立たず。これによりその事を勤めたる人の許へ尋ねに遣す事、当時の風なり。日記をも真字にて認める時は、第一真の文章は短くて事すみ、その上真文字は文字に目角付くものなる故、何程大部の日記にても即時に繰らるる徳あり」と、留帳は真字（漢字）・漢文体で記すことを提案している。一般的に日記は仮名文字で書くので個性が出てしまい、先例を捜すときにすぐに見つけにくい。結局以前その職にいた者に使いを出して尋ねることが風習となっている。第一、漢字・漢文体の文章は短くてすみ、漢字は角があるので、大部の日記でもすぐに見つけられる利点があると述べている。私たちはよく、「くずし字・かな文字を読むのは難しい」と言うが、江戸時代の人も仮名は読みにくかったのである。そのために、徂徠は公文書を漢字で書くことを提案しているのである。

この二〇年、三〇年の間に、ワープロやパソコンなどが普及し、文字が統一化されている。私たちもまた、荻生徂徠の提案の延長上にいるといえる。

江戸時代、享保時代を中心にペーパーレスからペーパー化の時代へと移行したが、今日さらにＩＴ化により、新たなペーパーレス化が目ざされているのである。

5 増えすぎた公文書——「漉き返し」「反故調べ」——

幕府の公文書システムの整備とともに、新たな問題が発生する。それは、文書廃棄の問題である。今日、私たちは文書や書類の増加に悩まされているが、江戸幕府も同じであった。

一八世紀末期、老中松平定信《まつだいらさだのぶ》が主導した寛政改革の政治や社会を記した「よしの冊子《そうし》」の、寛政二年（一七九〇）四月の記事には次のようなものがある。「御勘定之内、御帳面懸りと申候て、御勘定所向すべての御帳面を取調候懸りのよシ、右帳面何レも竹橋御蔵之内へ入置候処、年々相増候事故外御櫓ニも有之候由。然る所右御帳面一向御不要の物も有之、或ハ二重ニ出候帳面も夥敷御ざ候て次第ニ御蔵ニ満、御蔵内甚御手狭之由ニ付、右懸り御勘定共より申立、古キ新キニ不限能々相しらべ二重の御帳面ハ御不用ニいたし申度旨、存寄書奉行所へ差出候ニ付、伺之通ニ可致由御下札ニて相下り候由」。すなわち、勘定所には、勘定所関係の公文書を扱う帳面係という役職があった。帳面は、江戸城の竹橋蔵に保存していたが、年々増加し他の櫓にも入れるようになった。しかし、これらのうちには不要のものや重複するものもあり、蔵が一杯で手狭になったことから、勘定方はこれらの帳面を調べ、重複するものを廃棄することを提案し、勘定奉行の許可を得た、と記している。

　では、どのように廃棄するのか。「且又右御不用之分ハ焼捨候か又ハ埋候事ニも可有之候へ共、夥敷《おびただしき》御帳面無益ニ焼捨候も御費ニ付、是は先方を能々吟味いたし何卒透返しニ致候ハヾ余程之御益ニも可有之事、其上御勘定向ニて御用紙ニ致候ハ旁宜しそふナ事、どふぞ是ハそふしたい。尤も漉返し申付候ハヾ能々先ヲ吟味いたし御書付之外へちらぬ様ニせねバならぬ。又ハ御書付之分ハ破ても墨で消ても能が何でも埋め等するハ大な御無益もの。是ハ伺て見よふと懸りニて申候よし」。すなわち、焼き捨てか埋めるかと考えたが、膨大な量であり焼き捨てにも費用がかかる。むしろ、先方を吟味したうえで、漉《す》き返した方が大きな利益になり、勘定方で紙をリサイクルすればよい。もっとも漉き返しを命じる相手は、よく身元調査をして書類を他に散逸させないようにしなければならない。あるいは重要書類は破っても墨で消してもよいが、埋めるのは無駄になるので、これを上司に伺うことにした、と記している。

　要するに、公文書の情報が、社会に洩れないように注意しながら、漉き返しを提案したのである。官僚が文書・情報を外に出したくない、公開したくないという最近まで続く官僚・役所の体質が、すでにこの時期に確認されるのである。

　以上のやりとりの結果、漉き返しは江戸の商人や問屋ではなく、「鬼平」こと火付盗賊改めの長谷川平蔵（宣以《のぶため》）が管理する佃島《つくだじま》（中央区）の人足寄場《にんそくよせば》で漉かせることになった。「よしの冊子」の寛政二年五月には、次のような記事がある。「御勘定調方懸り、竹橋御蔵ニて日々相詰、古帳面しらべ候由、右御不用の分長谷川平蔵へ相渡、佃島の人足ニ漉せ可申旨柳生取計候よし。右帳面類は至て大切の御書物も品々御坐候付、横竪細かにさき候て紙漉候ものへ相渡し申度、調方ニて申合候へ共、此度長谷川へ渡し候ニ付而は、余り細かに裂候而ハ先方ニて取扱ニ困り候ニ付、其侭渡すがよい等と評議も御ざ候て、丁寧ニ裂候様子等ニは有之間敷由。尤未ダ長谷川へハ渡り不申候へ共、柳生申立候付、大方そふ成か知らぬが、どふぞ大切の御書付散ぬ様ニしたいと申合よし」。すなわち、勘定奉行の柳生主膳正久通《ひさみち》は、勘定所調方懸りは日々竹橋御蔵に詰め古帳面を調べ、不要の分を長谷川平蔵に渡し、佃島の人足寄場で漉かせるよう指示した。ただし、調方では、これらの帳面の中には重要なものもあるので、縦横細かく裂いて紙漉き先に渡すようにした。しかし、余り細かく裂くと紙漉き先が困るのでそのまま渡した方がよいとの意見もあり、ていねいに細かく裂く必要はないことになった。おおよそ、そのように決すると思われるが、重要な書付なので外へ洩れぬようにしたいと、さらに申し合わせている。寛政期において、公文書の保存と廃棄が問題となっていたことがわかるのである。

　しかし、当時公文書の担当者には不満もあった。同年五月には次のような記事がある。「御勘定調方四人、去年四月より日々御帳しらべとして竹橋御蔵へ罷出候由、四人之内壱人ハ老人ニ付、役所詰計いたし三人定詰の由。おびたゞしき御帳面故中々今以片付不申候由。去年四月より出候へ共、御普請出役等と違ひ、一向蔭之御奉公ニて張合もなく、能《よく》勤候と申ものも無之ニ付、扨々《さてさて》勤がひもなき事也と嘆息仕候由、御勘定調方をバ、仇名を反古《ほご》しらべと名付候て役に立ぬもの計をかけ候様ニ申候へ共、中にハ

図15　国立公文書館（勘定所竹橋蔵跡地に建設された）

年数之ものも有之、且又田沼自分《（時分）》の風儀ニ合不申、引込思案ニて調方等へ参候ものも御ざ候よし、平常奉行などへもめったにハ逢不申候ニ付、相応之御用懸り御座候節も不申付、自然と上へも遠く相成候ニ付、歎居候よし。奉行も平常手に付御用向を取しらべさせ候計を、おもニ御用がゝり抔ニも申立候ニ付、調方抔《など》ハ奉行へうと〳〵敷候儘、いか様之人物御座候ても、自然とぞんじ不申候間、上ニハ弥御存なきも御尤也とさた仕候由。竹橋へハ日々罷出、七ツ半か暮時ならでハ帰宅不致候よしの沙汰」。すなわち、四人の公文書担当者のうち一人は老人のため城勤めであり、残り三人で仕事をしているが、帳面の量は膨大でいまだ片づかない。昨年四月から作業をしているが、普請出役などと違い、「蔭の奉公」で張り合いなく、褒める人もおらず、勤め甲斐がないと嘆息している。勘定調方を「反故《ほご》調べ」とひやかし、役に立たないことにかけていう者もいる。なかには何年もこの仕事をしている者もいるが、田沼時代の積極的な風潮に合わない引っ込み思案な性格で、この部局に回された者もいる。ふだんは上役の奉行などに逢うこともなく、相応の仕事も任されず、自然と上役との距離ができてしまうと嘆いている。奉行も、ふだんの調べものは御用掛りに申し付け、調方懸りにどのような人物がいるかも知らない。竹橋の文書蔵には毎日出仕し、午後五時か夕方まで帰宅できない、と記している。

先の大田南畝は、「五月雨《さみだれ》の　日もたけ橋の反古しらべ　今日もふる帳　あすもふる帳」と、五月雨に掛けて、古《ふる》帳の反故調べをうたっている。しかし、地味で認知度は低いものの、こうした公文書担当専門職が確立した意義は大きい。日本のアーカイブズの原点が、ここにあるといえる。このあと明治政府が、ヨーロッパのアーカイブズ・システムを導入する以前に、江戸時代の官僚システムが、既に日本型の近代化・合理化・文明化を達成したのである。

6 官僚制の監察官

官僚制が健全に動いているか、チェックする役割を担うのが監察官である。以下、江戸時代の監察制度について見ていきたい。

大目付、国目付

江戸時代の役人は、それぞれポストに就くとき、職務ごとの役職心得を書いた誓約書である「起請《きしょう》文前書《もんまえがき》」を提出した。この文書により、法令・指示の遵守（コンプライアンス）の徹底をはかるのである。江戸幕府の監察官で一番地位が高いのは大目付《おおめつけ》である。大目付は、大名や、上級旗本である交代寄合の監察などを主な任務とした。閑職《かんしょく》ではあるが、旗本が大名を監察することから重視された。明治二四年（一八九一）に旧東京帝国大学史談会が江戸の旧職について、当事者たちにインタビューした記録「旧事諮問録《きゅうじしもんろく》」によれば、大名の縁組の可否も大目付が判断したという。

次は国目付《くにめつけ》である。将軍が変わるたびに大藩を中心に諸藩へ派遣される監察官であり、旗本が就任した。彼らは、藩の内情を調査し、幕府に報告することを職務としており、諸藩にとっては脅威であった。各藩領には、彼らをどのように受け入れ、どの範囲まで話をするか、を記したマニュアルも残っている。

目付

次は目付《めつけ》である。

『角川新版日本史辞典』によれば、「江戸幕府は政治の監察、家臣団の統制のために大目付と目付を設置した。目付は若年寄《わかどしより》支配で、西丸《にしのまる》にもおかれ、配下に徒目付《かちめつけ》、小人目付《こびとめつけ》を擁して、旗本・御家人の統制、諸役人の勤務をはじめとする政務全般を監察した。元和二年（一六一六）〜三年頃設置。享保一七年（一七三二）には、定員一〇名。役高一〇〇〇石。有能な旗本が就任し、奉行に昇進した」とされる。

職務内容は、『江戸幕府大辞典』によれば、「旗本・御家人の監察、政務一切の監察、殿中礼法の指揮など」である。具体的には「旗本・御家人の監察、諸役人の勤方の査検、殿中礼法の指揮（座敷番）、将軍参詣、御成の供奉列の監督（供番）、評定所での立合（評定番）、幕府諸施設の巡察、消防の監視（火之口番）、諸普請の出来栄《できばえ》見分など。さらに、旗本・御家人より提出される急養子願の判元見届、幕令の伝達、諸役所よりの問い合わせに対する回答なども担当している。加えて、勝手掛《かってがかり》、日記掛《にっきがかり》、町方掛《まちかたがかり》をはじめさまざまな掛を加役として兼任し」、江戸城内の勤務場所は「目付部屋、目付方御用所と称される執務室を与えられていた……執務室には基本的に、右筆《ゆうひつ》、徒目付、坊主など以外の出入りは禁止され、常時、本番、加番の目付二名が宿直して非常に備えた」(『江戸幕府大事典』)であった。

目付勤務の実態

前述の『旧事諮問録』などから、目付勤務の実態を見る。

目付の人選は同役の投票で行われた。空席ができると同役たちが投票して、最多票の者を決定し、目《め》付筆頭《つけひっとう》がこれを若年寄《わかどしより》に報告し、さらに閣老の承知を得て、将軍に伺いを出す。もし、将軍側近が特別推薦する者があれば、若年寄が目付筆頭を呼びその旨を告げる。他の役職の場合は、特別推薦の者に決定するが、目付の場合は、そうはいかない。目付同士で協議し、不承知の場合は押し返す。それができないときは、一応特別推薦された者を勤めさせ、内容が悪ければ辞めさせるという。このように、目付はかなり自治性・独立性を持つ組織であり、それだけにリーダーである筆頭の力量が問われた。同書では「他の役と異って目付の首座は、権力のある代わりに、少しでも座下(部下)に軽く見られますと、一日も勤まりませぬ」と語っている。

独立性の高い役職であったが、上職への転任もあり出世コースから外れたわけではない。出世への踏み台になることもあった。転任の場合、若年寄から目付筆頭に内々に沙汰があるが、これに承知するかどうかは筆頭の独断で決まった。一方、幕閣からすると、大名を老中職に就ける場合などは、ほとんどが知らない者たちでその器量も分からないため、誰を抜擢すべきか判断が難しい。しかし、目付は通常の監査などを通じて始終近くで接しているので、人物がわかる。そこで、幕閣は、奉行ポストが空いた場合など、目付から取り立てることもあった。

目付は、一般的には嫌われ役であった。「毛虫」のごとく嫌われていた、と本人たちは自覚している。役人の理非を正す役職であるが、事が起きるのを待つのではなく、日ごろから十分で身持ちの悪い者を見張ったり、喧嘩・闘が起きないか、目を光らせるなどした。大名は大目付が監察したが、老中のように幕職に就いた大名は、目付の監察対象となり、老中に不都合があれば将軍へ言上する権限もあった。財力により株を買って武士になったような者は、目付役には就けず、門地のある人が就任した。柱一本建てるのも目付の許可がいるので、検印物（原議書）が終始回ってきた。一〇人中の多くが検印しても、一人でも不承知の者がいればその理由を記し下げ札とし、一同に回覧したという。目付が権力を利用して不正を働く場合、単独ではできないが、勘定奉行や他の奉行と協力すればできたともいう。

目付は、評議に参加して議論することも日常であった。『旧事諮問録』では「政事向きのことは、すべて始終、論を出しました」とあり、たとえば勘定奉行らが書面で閣老に意見を上申する際は、その前に『お座敷評議』として、殿中の空き部屋で目付が同席して車座になって是非を論じた。文書に記録できない案件についても議論した。議論が済むと、奉行は目付一、二人と共に閣老に面会し結論を報告し、閣老も目付の評議が済んでいる事で安心し、一件落着とした。評議の際、奉行側から「依頼」があることもあったが、「それを諾《うん》と言ったら目付の役が立ちませぬ」との覚悟は持っていた。また、在職中はもちろん、転任後も目付時代に見聞きしたことは、決して他言しなかった。

さらに、目付はごく近い近親以外、決して他人とは付き合わず、どこへ行っても威儀を正した。当直で登城する時は、隅々まで見回るという趣旨で、歩き方も直角に曲がる決まりがあった。雪の日などは雪を払ったところばかり歩くわけにはいかないので、下駄の歯に雪が詰まったという。また、目付部屋から出るときは、各所から来た公文書などを忘れないように、必ず両手で持ち、懐中に入れないこととした。不正の防止もあろう。江戸市中の火事の際は、火消し、火事場見回り、使番、大名火消しなどを監察し、注進状（報告書）を作成した。そのためには、城の富士見櫓に登らなければならず、火事装束もないので、冬は寒かった、という。

お金のやり取りを監察する勘定吟味役

吟味役も監察官である。勘定吟味役《かんじょうぎんみやく》は、『角川新版日本史辞典』によれば「勘定所の役人で、勘定所の業務と奉行や勘定所役人を監察する権限を持っていた。天和二年（一六八二）設置、元禄一二年（一六九九）いったん廃止、正徳二年（一七一二）再置、定員四〜六人、役高五〇〇石、役料三〇〇俵、勘定組頭や代官などのなかから、経理に通じた者が選ばれた」という。その職務は、『江戸幕府大辞典』によれば「勘定所での金穀の出納、封地の分与、幕領の年貢の徴収と郡代・代官の勤怠、金銀の改鋳、争界の訴訟など一切の監査である。さらに勘定奉行とその属吏に不正があれば直ちに老中に開陳する権限があり、勘定奉行は勘定所での経費の決定すべてにその賛成を必要とし、このほか米金受取手形には初判を押した」とある。

『旧事諮問録』によれば、勘定吟味役は勘定奉行と異なり、用事があれば大奥に入ることができ、勘定奉行の指示に対する拒否権もあった。一方、諸侯からの頼みごとのさい、勘定奉行勝手方には贈り物があったが、吟味役はもらってはならず、実入りの少ない役であったという。勘定方からの転出には勘定奉行と吟味役の連判が必要であったが、吟味役の転出には勘定奉行の印は必要なかった。幕府の金銀の支出には、勘定方が評議し、勘定奉行と吟味役の同意が必要であり、吟味役の評議は欠かせないものであった。

以上、勘定吟味役は、財政、経済、農政などを監察し、江戸時代の官僚制を正常に機能させるための要職であったといえる。

7 大岡政談はフィクションだった

将軍吉宗の大抜擢

歴史上有名な人物の一人に、大岡越前守忠相《おおおかえちぜんのかみただすけ》がいる。忠相の実父は、奈良町奉行を勤めた二七〇〇石の旗本である。忠相は四男であったため、一〇歳のとき、同族の親戚へ養子に出されたが、養家も一四二〇石と中級旗本であった。ところが、一族に二度不祥事が起こり、幕府役職への就任は遅れ、二六歳でようやく書院番《しょいんばん》（江戸城や将軍の警備係）に就いた。しかし、その後は順調に出世し、徒頭《かちがしら》、使番《つかいばん》、目付《めつけ》、山田奉行《やまだぶぎょう》、普請《ふしん》奉行を経て、江戸の町奉行（南町《みなみまち》奉行）となった。

俗説では、大岡は伊勢の山田奉行（伊勢神宮の遷宮、鳥羽港、伊勢・志摩の幕府領の支配）の時、隣国の御三家、紀州藩領との長年のもめ事を、歴代の山田奉行とは異なり、紀州徳川家に遠慮せず公正に裁き、これが当時、紀州藩主だった徳川吉宗（後の八代将軍）の目に止まり、後に町奉行に抜擢されたという。しかし、そもそも、山田奉行に他領（紀州）との争いを裁く権限はない。大岡は、山田奉行の次に普請奉行に就任するが、これは当時二階級特進と評される注目人事であった。しかし、抜擢したのは、七代将軍家継《いえつぐ》の幕閣であり、吉宗が将軍になる前のことである。

ただ、その後、四一歳の大岡を、普通六〇代の旗本が就任する町奉行に大抜擢したのは、将軍となった吉宗であった。

大岡越前、難事件を裁かず

さて、大岡忠相の名を後世に知らしめたのは、「大岡政談」と呼ばれる出版物や講談、歌舞伎などであるが、この内容はほとんどフィクションである。たとえば、天一坊《てんいちぼう》事件という御落胤《ごらくいん》（隠し子）をめぐる話がある。

この事件は、吉宗が、江戸城育ちの歴代将軍とは異なり、紀州徳川家の四男で比較的自由な青年時代を送っていたことに由来する。事件の実際は、吉宗の将軍在任期、品川の源氏坊改行《げんじぼうかいぎょう》という男が、自分は高貴な方の御落胤《ごらくいん》であるとふれまわり、仕官《しかん》を望む浪人などから金品をだましとる事件が起こった。支配代官の伊奈《いな》半左衛門忠逵《ただみち》が改行を捕らえ、勘定奉行・稲生《いのう》下野守正武《まさたけ》が裁いたというのが実態である。それが講談や歌舞伎で、「天一坊事件」として大いに脚色され、大岡の手柄になってしまったのである。

「大岡政談」の子どもの手を引き合わせて実母を見極める話や、地蔵を縛って盗人を捕らえる話は中国の説話に見られ、江戸初期の名裁判官といわれた京都所司代板倉勝重《いたくらかつしげ》・重宗《しげむね》親子の逸話なども大岡の裁きになっている。他人の裁判物語が、いずれも大岡の手柄話になったのである。そもそも、大岡時代の裁判は合議制であり、奉行一人で勝手に裁くことはできなかった。

庶民の間で不思議な人気

「大岡政談」のなかで、実際に大岡が扱った刑事事件は「白子屋《しらこや》お熊」一件のみである。これは、姑や店の者が婿養子をいじめ、妻は手代と密通し、ついに婿養子を傷つけるという事件であった。

さて、「大岡政談」は大岡の死後二〇年もたたないうちに成立し、一九世紀に入ると次々と話が増え、長編化しドラマチックになっていった。

百年ほど後、天保改革を批判した落書《らくしょ》のひとつに「有徳院《ゆうとくいん》様（将軍吉宗）気取りは当将軍（家慶）、松平定信気取りは水野越前（忠邦《ただくに》）、大岡越前気取りは矢部駿河（定謙《さだのり》）」とあり、当時名将軍、名老中、名町奉行として、徳川吉宗、松平定信、大岡忠相が知られていたことがわかる。実像と虚像の差からみると、大岡忠相は日本史上、最も幸運な人物かもしれない。では、なぜそれほど彼の名声が高まったのであろうか。

地方巧者グループの「お頭」

前述のごとく、将軍吉宗の享保改革は、高負担・高福祉の「大きな政府」を目指すもので、民衆には重税が課された。この重税路線の先兵となったのが、勘定所《かんじょうじょ》（幕府の農財担当組織）に登用されたエリート官僚たちであった。彼らは、次々と新しい税制を考案し実行したため、当然のことながら農民たちの恨みの的になった。他方、将軍吉宗は、町奉行の大岡忠相を、新設の地方御用《じかたごよう》という役職に任命し、治水や新田開発など関東各地で農政を担当させた。これに応えて、大岡は「地方巧者《じかたこうしゃ》」と呼ばれる治水や農政に精通した優秀な人材を集め、勘定所と競い合った。

図 16　川崎平右衛門定孝像（個人蔵）

大岡が率いる役人グループは、蓑笠之助《みのかさのすけ》（元猿楽師）、田《た》中休愚《なかきゅうぐ》・休蔵《きゅうぞう》父子、川崎平右衛門（以上、元農民）、甘藷《かんしょ》先生と呼ばれた青木昆陽《あおきこんよう》（元浪人）など、ユニークな出自と経歴を持つ者たちによって構成された。彼らは、大岡を「お頭《かしら》」と呼び、関東各地で活躍したのである。

そして、この大岡グループは、玉川上水や上野寛永寺（台東区）の道具修繕などの入札で勘定所に勝ち、武蔵野

（東京都西部・埼玉県南部）や上総東金《とうがね》（千葉県）の新田開発、酒匂川《さかわがわ》（神奈川県）の改修工事（富士山の大噴火が原因）を実施したのである。しかし、吉宗の重税路線の結果、つづく田沼時代（一七六七〜八六年）になると、各地で百姓一揆が頻発した。ちょうどこの時期、「大岡政談」も急速に発展・普及していったのである。民衆は、「反官僚的英雄」のイメージを大岡に託したのである。しかし、リアル大岡は、むしろ最も官僚らしい官僚であった。

几帳面で官僚の鏡

大岡のキャラクターや仕事ぶりは、彼自身が記した『大岡越前守忠相日記』からうかがえる。その記述は、天気に始まり、登城・下城の時刻、会議の内容と議題数、遅刻者・早退者とその理由など、徹底している。また、自らが病気で登城できなかったときは、自宅でさまざまな書類を処理し、指示を出している。まさに官僚の鑑であった。

大岡は、アーカイブズ政策（記録整備、情報蓄積）にも力を注いだ。町奉行のときは法令集を編纂し、寺社奉行になると、それまで箪笥《たんす》（帳箱）に入れて利用していた公文書を、すぐ必要なもの、今後必要なもの、不要なものに三分類し、寺社奉行四人の当番制の月番や年番に引き継ぎ、あるいは廃棄した。こうして新しい人が任命されても、すぐに仕事に取りかかれるシステムをつくったのである。

法と公文書の整備こそ官僚制の基礎であり、吉宗の目指すものであった。先に述べたように吉宗も、江戸城中の公文書整理を指示し、目録を作らせている。従来幕府では、世襲で各役職に就任する大名や旗本が私的にメモを作成し、子孫のために屋敷に所蔵蓄積していた。

しかし、吉宗は公文書システムを整備し、優秀な人材を登用し、官僚制度を確立したのである。今日まで続く日本の官僚制の基礎を作ったのは、吉宗であった。吉宗は、自らの改革政治に反対し、「小さな政府、規制緩和、地方分権」を主張する尾張藩主徳川宗春を処罰し、「宗春のようになりたくなければ、自藩の官僚たちに従うよう」と、大名たちに指示した。

そうした吉宗の官僚政治の忠実な実行者・体現者こそ、大岡忠相であった。さらに吉宗は、自ら「国《こく》都《と》」と呼んだ「首都江戸」の最高責任者である町奉行（江戸府内の行政、司法、警察などを担当）を大岡に任せたのである。

大岡は法を整備し、裁判の公平化・迅速化もすすめた。その際の大岡は、温情あふれる裁判官ではなく、法と判例をもとに誠実に審議するクールな裁判官であった。

ただし、こうした実像とは別に、人々は大岡に庶民の味方という虚像を求めた。その理由は、増税政策に邁進する勘定所官僚と大岡とのズレであった。官僚機構のなかにありながら、反官僚イメージを託される水戸黄門や遠山金四郎と同じである。彼ら時代劇の主人公たちにとっては、官僚との対決が一つの見せ場であった。勘定奉行や勘定方役人、代官などの農財政官僚は、悪徳商人などと結び庶民を苦しめる敵役《かたきやく》として登場する。

官僚機構を強化するために、独自の立場で活躍した官僚大岡が、反官僚のイメージで人気を集めたのは、興味深いパラドックスである。

吉宗股肱の臣

大岡は町奉行であると同時に、評定所《ひょうじょうしょ》一座（老中の下の幕府最高司法・立法機関）の一員でもあった。評定所一座は、勘定奉行、町奉行、寺社奉行らによって構成された。大岡は四一歳で町奉行となり、その後、寺社奉行、奏者番を勤めるが、七五歳で没するまでの三四年間、ずっと評定所一座のメンバーであった。享保改革の全時期を通じてこのような人物は他にはおらず、いかに吉宗の信頼が厚かったかがわかる。ただ、二人の関係は、たんなるなれ合い、お友達ではなく、大岡の貨幣改鋳案に対して、吉宗が反対するなど緊張関係を含むものであったことも、『大岡日記』から知られる。

江戸時代、高い役職に就くには、それなりの家格（禄高）が必要だった。たとえば、寺社奉行は一万石以上の大名、特に五万石から一〇万石の譜代大名が多く就任した。ところが、大岡は足高《たしだか》の制（優秀な人材への一代限りの加増）により石高を加えられ、大名格となって寺社奉行に就任し、最終的に一万石の大名となり、子孫が領地を継ぐことを許されたのである。

また、吉宗が自らの隠退を、特に大岡に知らせたことが『大岡日記』に記されており、吉宗の大岡への信頼ぶりがうかがえる。

全国各地に、幕府評定所が作成した裁許状《さいきょじょう》（土地争い、水争いなどの判決書類や絵図面）が残されているが、どの書類にも一〇名ほどの評定所一座の署名・捺印がある。異動とともにメンバーは交代するが、三四年間勤めた大岡の名前だけは変わらない。これら裁判関係書類に名前を残したことも、「公平な裁きをする大岡忠相」のイメージを全国に広める要因になったのかも知れない。

さて、『大岡日記』は、宝暦元年（一七五一）六月二〇日の吉宗の死をへて、閏六月一〇日の吉宗葬儀の二日前の、同月八日の記事で終わっている。そして吉宗の死から半年後の一二月一九日、大岡は後を追うように亡くなったのである。

江戸と多摩を結ぶ

官僚大岡の大きな功績の一つに、地方御用として行った多摩地域の新田開発がある。これは、多摩から江戸に新鮮な野菜を、江戸から多摩へは肥料を流通させるというサイクルをつくり、二つの地域をリンクさせ、発展させる政策であった。これら大岡の支配地域（江戸と多摩）は、ほぼ今日の東京都の原型となる。大岡就任前後の歴代町奉行の管轄は、多摩には及ばないので、江戸時代、現在の都知事と同じ範囲を管轄したのは大岡だけである。

大岡は、勘定所と張り合うことで勘定所を整備させ、一定の成果をあげると、配下の優秀な人材を勘定所に異動させ、自らは地方御用から身を引いた。官僚としては見事な引き際ともいえる。

大岡はまた、業種ごとに「組合」（後の株仲間）を作ることにより、諸物価を統制しようとした。今日「業界」や「仲間」というと、談合の温床や価格のつり上げなど悪いイメージであるが、自主的に組合を運営し、組合内に仕事を分配するなど、互助性・共同性をもつ組織でもあった。大岡は組合による社会の秩序化・安定化を目指したのである。

その他、小石川養生所《こいしかわようじょうしょ》（文京区）や駒場薬園《こまばやくえん》（目黒区）などを開設し、飛鳥山《あすかやま》（北区）などの公園を充実させるなどして「首都江戸」の環境整備を促進した。防火対策として「いろは四十七組」の町火消《まちびけ》し組合を結成し、火除地《ひよけち》の造出、火《ひ》の見櫓《みやぐら》制度の整備、瓦屋根《かわらやね》や土蔵造《どぞうづく》りなど不燃化家屋への転換を促進した。今日、多くの人がイメージする江戸市中の姿は、大岡が懸命に防火対策に尽力した結果ともいえるのである。

Ⅳ

「文化力」「教育力」とリテラシー

―日本型文明の成熟―

1　新興派閥のエリート　田沼意次

時代劇の定番悪役

「忠臣蔵」の吉良上野介《きらこうずけのすけ》と田沼意次《たぬまおきつぐ》は、史実とは関係なく時代劇敵役の定番である。近年、歴史研究者の間では、評価が高まっているにもかかわらず、一般的にはいまだ悪徳政治家のイメージが強い。田沼意次を小姓からの「成り上がり」のイメージで捉える人も多い。たしかに、禄高だけをみると六〇〇石の小姓から五万七〇〇〇石の大名まで異例の出世をしているが、出身からみると別の評価もできる。

御三家紀州藩の藩主であった徳川吉宗は、八代将軍に就任するさい、紀州藩士二〇五人を連れて江戸城に入った。吉宗の将軍就任で、幕府官僚は人員増となったのである。将軍吉宗の側近に紀州派という新派閥が誕生した。

紀州派の中に、田沼意次の父・意行《おきゆき》がいた。意行は、小納戸頭取《こなんどとうどり》という将軍の私的財政の統括官に就任した。禄高は六〇〇石であった。そして、意行は江戸城本丸で将軍吉宗に仕え、子の意次は、西の丸（将軍世子や隠退後の居所）で吉宗の息子家重《いえしげ》（のちの九代将軍）に小姓として仕えた。つまり、田沼意次は紀州派二世官僚という新派閥のエリートだったのである。

新興派閥のリーダー

家重が九代将軍になり西の丸から本丸に移ると、意次も本丸に入り、急速に出世し、宝暦八年（一七五八）には一万石の大名になった。この年が、「田沼時代」の幕開けとされる。このとき意次は、寺社奉行《じしゃぶぎょう》、町奉行《まちぶぎょう》、勘定奉行《かんじょうぶぎょう》などより構成される重要会議である評定所一座に、将軍側近として参加を許されたのである。今でいえば、閣僚や官僚の最高会議に首相のブレーンとして参加するようなもので、将軍側近であるから発言力も強い。

意次は、将軍が息子の一〇代家治《いえはる》に代替わりしても重用され、側用人《そばようにん》となった。その後も出世を続け、明和九年（一七七二）五四歳で老中《ろうじゅう》になる。その一一年後、息子の田沼意知《おきとも》が老中に次ぐ若年寄《わかどしより》に就任し、親子で政権を掌握する。老中は全国支配の閣僚、若年寄は幕府旗本（官僚）統括の重職である。普通ならば、意次が隠居したのち、当主となった意知が役職に就任するはずであり、まさに異例の若年寄就任であった。

紀州派三世の息子意知は、親の七光だけでなく、本人も優秀だったとの説もある。意次は新興派閥のリーダーとして、田沼政権の長期化を目ざしたのである。

意次と同じく紀州派二世の盟友の勘定奉行石谷清昌《いしがやきよまさ》と安藤惟要《あんどうこれとし》は、俵物《たわらもの》と呼ばれる蝦夷地《えぞち》（北海道）の海産物（煎海鼠《いりなまこ》、乾鮑《ほしあわび》、鱶鰭《ふかひれ》）を中国へ売る一方、オランダから銀を輸入するなど、貿易拡大により幕府財政を支える中心メンバーであった。

富裕商人から税をとれ

先に述べたように、八代吉宗の政策基調は「大きな政府」であった。小石川養生所のような無料医療施設の開設など福祉を手厚くする分、重税を課した。江戸時代の税は、基本的に年貢（米）である。しかし、新田開発や年貢増徴の結果、市場に米が溢れ、米価が下落した。しかし、幕府はこれに対応できず、江戸市中では打ちこわし（民衆による米屋、高利貸し等商家の襲撃）も起きた。

吉宗路線の限界を見た田沼意次は、「農民からの年貢だけではなく、富裕商人から税を取ればよい」と考える。すでに吉宗は、大岡忠相らとともに、業種ごとに「仲間」を作らせ、物価統制をしていた。意次は、この業界団体の「仲間」に営業株の数を設定し、「株仲間」とした。彼は、この株仲間を、物価統制だけでなく、運上金《うんじょうきん》（租税）や冥加金《みょうがきん》（献金）など税を納める組織として利用し、財政再建に役立てた。業種別の組織（業界）が、政治家や行政と結んで自分たちの特権を維持・拡大するという今日の政治風土は、江戸時代に吉宗が始め、意次が確立させたのである。

広く国家を見渡した男

江戸時代、江戸は金経済、上方《かみがた》（関西）は銀経済と二分されており、今日の為替レートと同じように金銀レートの差益をもとに、大商人たちは利益を得ていた。田沼意次は、この二元システムの一本化に乗り出し、南鐐二朱銀《なんりょうにしゅぎん》という、銀貨でありながら金貨の単位をもつ画期的な貨幣を発行した。

先述のように、貿易改革にも乗り出した。元来日本は、鎖国体制下、薬や絹などを中国から輸入し、その代価として金銀を輸出していた。しかし、輸入品はいわば消耗品であり、輸出品の金銀は流出するのみで戻ることはない。この問題を、すでに五代将軍綱吉や、六代・七代将軍に仕えた新井白石《あらいはくせき》などは強く認識し、貿易額を制限し金銀の流出を防ごうとしたが、抜本的な解決にはならなかった。これに対して意次は、金銀以外の輸出品を拡大することで、金銀の流出に歯止めをかけようとした。その新たな輸出品が前出の俵物であった。

田沼時代はまた、辺境とされた北方に目を向けた時代であった。ロシアから通商を求める動きもあり、海産物確保や農地開発の可能性など、蝦夷地の本格的な調査が行われている。

殖産興業も活発化した。酒造がさかんな兵庫の灘《なだ》を幕府直轄とし、下総（千葉県）の印旛沼《いんばぬま》や手賀沼《てがぬま》の干拓も行った。干拓は、商人資本を導入した画期的な公共事業であった。田沼政治の特徴は、商業資本を積極的に利用し（民間活力）、国家財政の再建をはかるというものであった。手賀沼の干拓事業で、意次は「国益」と「（村方の）御救」というスローガンを掲げている。

北方への着目、「国益」の発想など、彼が広く国家全体を見渡せる政治家であったことが判る。田沼時代が続いていれば、ロシアと通商条約が結ばれ、「開国」の先駆けとなった可能性もある。実は「鎖国」という言葉が初めて出てくるのは、意次失脚後一五年経った一八〇一年である。松平定信ら次の政権は、ロシアの通商要求を「祖法（祖先伝来の法）により開国できない」とはねつけたが、その背景には、田沼政権＝時代への強い反感があり、反田沼意識が「鎖国」＝祖法意識を確立したともいわれる。

悪評の真相

田沼意次の政策は、行き詰まった重農主義（吉宗路線）を重商主義へと転換するものであった。しかし、商業資本による新田開発や株仲間の公認など、役人と商人の距離は急速に縮まり、便宜を図ってもらうため役人に賄賂《わいろ》を贈る商人が増加した。役人もまた、自らの出世や利権を求めて、賄賂文化に染まっていった。

意次の悪評は失脚後、反田沼勢力が流布したものが多く、額面どおり受け取るわけにはいかない。しかし、当時から意次に対する庶民の評判が悪かったこともまた事実である。

意次失脚後に成立した、京都町奉行所与力・神沢杜口《かんざわとこう》の随筆『翁草《おきなぐさ》』では、五代将軍綱吉の側近だった柳沢吉保《やなぎさわよしやす》と田沼意次を比較している。柳沢も田沼も小身から大名になったが、大名になると家格や石高にふさわしい規模の家臣団を持たなくてはならない。そのため急遽多くの家臣を雇った。いわばバブル採用である。杜口はこの点に関して、柳沢を誉め、田沼をけなしている。

柳沢は、学者の荻生徂徠《おぎゅうそらい》や剣術の柳生《やぎゅう》家を雇った。「新家ながら歴々筋目（由緒ある家系）の者、芸能において長ずるもの」を採用している柳沢は立派だと述べ、対して田沼のバブル家臣は、譜代恩顧の家臣ではなく、武士としてのモラルが低いと述べている。

田沼悪評の一因が、バブル採用の悪質家臣にあるといえるが、先述の松平定信らが、意次を賄賂と結びつけ批判したことも大きい。ただし、賄賂は江戸時代を通じて見られた。むしろ、田沼時代の政治家・官僚と大商人との急激かつ大規模な接近は、歴史的にはあくまでも享保改革以降の商業政策と商品経済の発展という歴史的環境のなかで、捉えられるべきである。

すなわち、意次の政治家としての評価は、彼がどのような歴史的位置にあり、いかなる役割を果たしたか、政策を具体的に検証することによってなされるべきである。失脚後、松平定信の側近の水野為長《みずのためなが》が当時の世評などを集めた『よしの冊子』には、「田沼時分（時代）」という言葉がみられる。意次が時代に名を冠されるほど、個性的で存在感のある人物だったことはたしかである。

大正時代のデモクラシーの雰囲気を背景に、歴史学者辻善之助は著書『田沼時代』の中で、「思想の自由があり、国学、蘭学が花開き、因習、身分制が破壊され、民意が伸長した時代」と、田沼時代のプラスの側面を評価している。

松平定信が主導した寛政改革では、風紀を乱す出版や政治批判などは厳しく統制され、多くの書物が出版禁止となった。これに比べて、田沼時代は、経済と文化が花開いた時代であった。それでも彼が失脚したのは、浅間山《あさまやま》噴火や天明大飢饉《てんめい》など災害の続発と、これに連動する百姓一揆や打ちこわしなど社会不安と政治不信が高まるなかで、松平定信らが行った巧みな政治戦略・情報戦の結果でもあった。

譜代派の旗手・定信

松平定信は、八代将軍吉宗の孫として、御三卿のひとつ田安家に生まれた。すでに早く定信の優秀さを知った田沼意次は危機を感じ、定信を白河藩へ養子に出し、将軍就任の芽を摘んだといわれる。定信は、譜代派の若手大名たちとグループを結成し、そのリーダーとして復讐の機会を待ち続けたとされる。

相次ぐ飢饉や天災で、田沼政治が停滞しつつあった天明四年（一七八四）、意次の長男で若年寄の意知が、江戸城中で旗本の佐野政言《さのまさこと》に斬りつけられ、三六歳の若さで死んだ。殺害の理由は「貸した佐野家の系図（佐野は田沼の本家筋）を意知が返さなかった」、あるいは「賄賂を贈っても出世出来なかった」などといわれるが、真相は不明である。

この事件について、オランダ商館長ティチングは、「田沼派は大きな船を造り、外国人を誘致する開国政策を進めていたが、事件はそれを阻止するための反田沼勢力による暗殺で、年取った意次は自然に死ぬから、息子の意知を殺したのだ」と、開国計画への反対と推理している。のちに定信自身も、意次を暗殺しようと二度にわたり懐剣を持って登城したことを、将軍に宛てた意見書のなかで告白している。ティチングの話も、たんなる推理として見過ごせないものがある。

しかし、庶民の同情は、時の権力者に打撃を与えた佐野に集まった。飢饉のあおりで高騰を続けていた米価が、事件の時期に一時的に下がったことから、切腹させられた佐野の墓に、「世直し大明神」の旗を立てて、お参りするものも現れた。逆に意知の葬列には石が投げられた。米価の一時的下落は、生前意知が準備させた災害用備蓄米の放出によるとの説もあり、事実なら皮肉な結果である。

田沼政治の終焉

長男意知の死の二年後、意次の後ろ盾であった一〇代将軍家治が病に倒れた。病状が好転しないのを見かねた意次は、評判の高い町医者二人を奥医師（将軍家の医師）に登用し治療に当たらせたが、彼らが調合した薬を服用した将軍家治の病状が急変し、ついに死亡した。前出『翁草』によると、大奥女中らは「田沼が将軍を毒殺した」と口々にののしったという。意次が自分の後ろ盾を暗殺するはずはなく、これも松平定信ら反田沼派が仕掛けた情報戦といわれる。

将軍家治の死とともに、意次は老中を罷免され自邸で謹慎となった。これにより、松平定信が政権を取ったと誤解する人がいるが、幕閣に残った田沼派によって、定信派の入閣は一〇ヶ月あまり阻止されつづけた。膠着状態のなか、意次の謹慎が解かれ、政界復帰の動きすら出始めた天明七年五月、「天明

図 17　田沼意次像（牧之原市史料館所蔵）

の打ちこわし」が起こった。米価が田沼失脚直前の七倍にまではねあがり、民衆の一団が米屋などの店舗を破壊したのである。この打ちこわしは、江戸・大坂など全国三〇余の主要都市でいっせいに起こった。

　とくに江戸の打ちこわしは、「火をかけない、何も盗まない、女子どもを傷つけない」と規律正しいものだった。しかし、江戸市中は四日間、無警察状態に陥った。将軍側近の田沼派は、自らの失政を隠すため、この事件を将軍に報告しなかった。しかし、事件は将軍の耳に入り怒りをかった。側近らは罷免され、田沼派は一掃された。これにより、松平定信がついに老中に就任したのである。

　蘭学者の杉田玄白は、著書『後見草《のちみぐさ》』で「打ちこわしがなければ政権交代はなかったろう」と記している。また、前出の神沢杜口は、田沼政権を「あたかも平家二十年の盛に似たり」（『翁草』）と、平氏政権になぞらえている。

　失脚後の意次は、亡き息子を偲び、数珠をくりながら念仏を唱えて暮らしたと、『よしの冊子』にある。晩年、不運が続き、政敵の定信派と、自らが多くの自由を与えた民衆によって、政権から引きずりおろされた意次であるが、日本を俯瞰する広い視野と、大胆な発想の転換により、日本社会を活性化させた。意次は、江戸時代を代表する政治家の一人といえるのである。

一方、民衆の恐さを知った定信は、民衆統制を強化する。定信は、「倹約」を政治スローガンに、市場に介入するが、経済が好転することはなく、六年後一一代将軍家斉《いえなり》に疎まれて罷免される。

2 江戸ブランド野菜の誕生——小松菜、谷中生姜、練馬大根——

江戸の発展と町奉行大岡忠相

江戸前期の急激な成長・発展により、首都江戸は元禄時代(一六八八～一七〇四)から享保改革期(一七一六～四五)に「百万都市」に成長した。

この時期、日本の都市人口は、京都が正徳五年(一七一五)に三五万余、大坂が宝永六年(一七〇九)に三八万余であり、世界の都市を見ても、ロンドン(一六六一年)が四六万、パリ(一八〇一年)が五五万、ベルリン(一七八六年)が一五万であった。江戸は世界最大級の都市になったのである。

吉宗ブレーンの儒学者荻生徂徠は、著書『政談』において、「何方までが江戸の内にて、これより田舎なりという境これなく、民の心の儘に家を立てつづくる故、江戸の広さ年々に広まりゆき、たれゆるすともなく、奉行御役人にも一人と目をつけ心づく人もなくて、いつの間にか、北は千住、南は品川まで家続きになりたる也」と、急激な膨張によって江戸と周辺地域の境界があいまいになっていることを心配し、それに対応しない幕府行政と役人を批判している。

こうした状況のなか、八代将軍吉宗は、享保改革の一環として、江戸の町奉行に大岡越前守忠相《おおおかえちぜんのかみただすけ》を抜擢した。大岡は、防火体制の強化、米価・物価政策、小石川養生所《こいしかわようじょうしょ》設立、風俗統制など、さまざまな都市政策を展開し、生活環境を整備するとともに首都機能を強化していった。

武蔵野新田の開発

しかし、町奉行と同時に、大岡は地方御用《じかたごよう》という農政職も兼務していた。大岡のもとには、田中丘《たなかきゅう》隅《ぐ》、蓑笠之助《みのかさのすけ》、川崎平右衛門《かわさきへいえもん》など、地方巧者《じかたこうしゃ》と呼ばれる農政に通じた者たちが集められた。彼らは、本来農財政を所管する勘定所官僚と競合・対立しつつ、武蔵野新田《むさしのしんでん》（東京都・埼玉県）、相模国酒匂《さかわ》川（神奈川県）、上総国長柄《ながら》郡（千葉県）などの諸地域で農政や治水を展開した。

このうち、江戸に西接する武蔵野新田は、文政一一年（一八二八）成立の幕府編纂地誌『新編武蔵風《しんぺんむさしふ》土記稿《どきこう》』に、「武蔵野新田は多磨《たま》、入間《いるま》、新座《にいざ》、高麗《こま》の四郡に跨《また》りて、昔は茫々《ぼうぼう》たる曠野《こうや》の地なりし」と、土地が痩せて生産力が低かったが、「享保年間新墾の事命ぜられしかば、遠近となくこれを望める農民等公に願ひて墾闢《こんびゃく》を促せしに、日を積み年を累ねその功遂に成て、新田八十二村を開けり」、あるいは「享保年中武蔵野新田開けて元文元年大岡越前守忠相検せり」とあるように、享保年間（一七一六〜三六）に幕府の開発令を受けて、各地の農民が希望して入植し、元文元年（一七三六）には大岡を検地奉行とする検地が実施され、新田八二ヶ村が成立したことが記されている。

町奉行の大岡が、勘定所をさしおいて地方御用を担当したのは、当時進めていた勘定所の機構改革（農財政官僚の組織改革）を促進するためであった。

しかし、大岡の武蔵野新田支配については、もう一つ理由があげられる。それは、百万都市に成長した巨大都市江戸に、日常的に生鮮野菜を供給する畑方新田の育成ということであった。この点について、『新編武蔵風土記稿』には、武蔵野新田が「水田少く陸田《りくでん》多し、土性は粗《そ》薄《ぼ》の野土にして糞培《ふんばい》の力を仮らざれば五穀生殖せず」と、地味の悪い畑地のため、糞尿を投入して、生産力を維持・向上させていたことが記されている。

そして、この糞尿こそ百万都市江戸が日々産出するものであった。すなわち、享保改革以後、江戸と武蔵野新田には、野菜と糞尿による巨大サイクルが形成されたのである。

ブランド野菜の成立

享保改革の都市江戸と武蔵野新田の巨大サイクルの形成は、じつは江戸時代全期を通じて、他の周辺農村と江戸の関係においても広く見られるものであった。これは、「首都江戸」の機能を支える「首都圏の形成」でもあった。

とくに、低湿地の江戸東郊ではネギ、レンコン、菜、キュウリなどが作られ、関東ローム層が覆う江

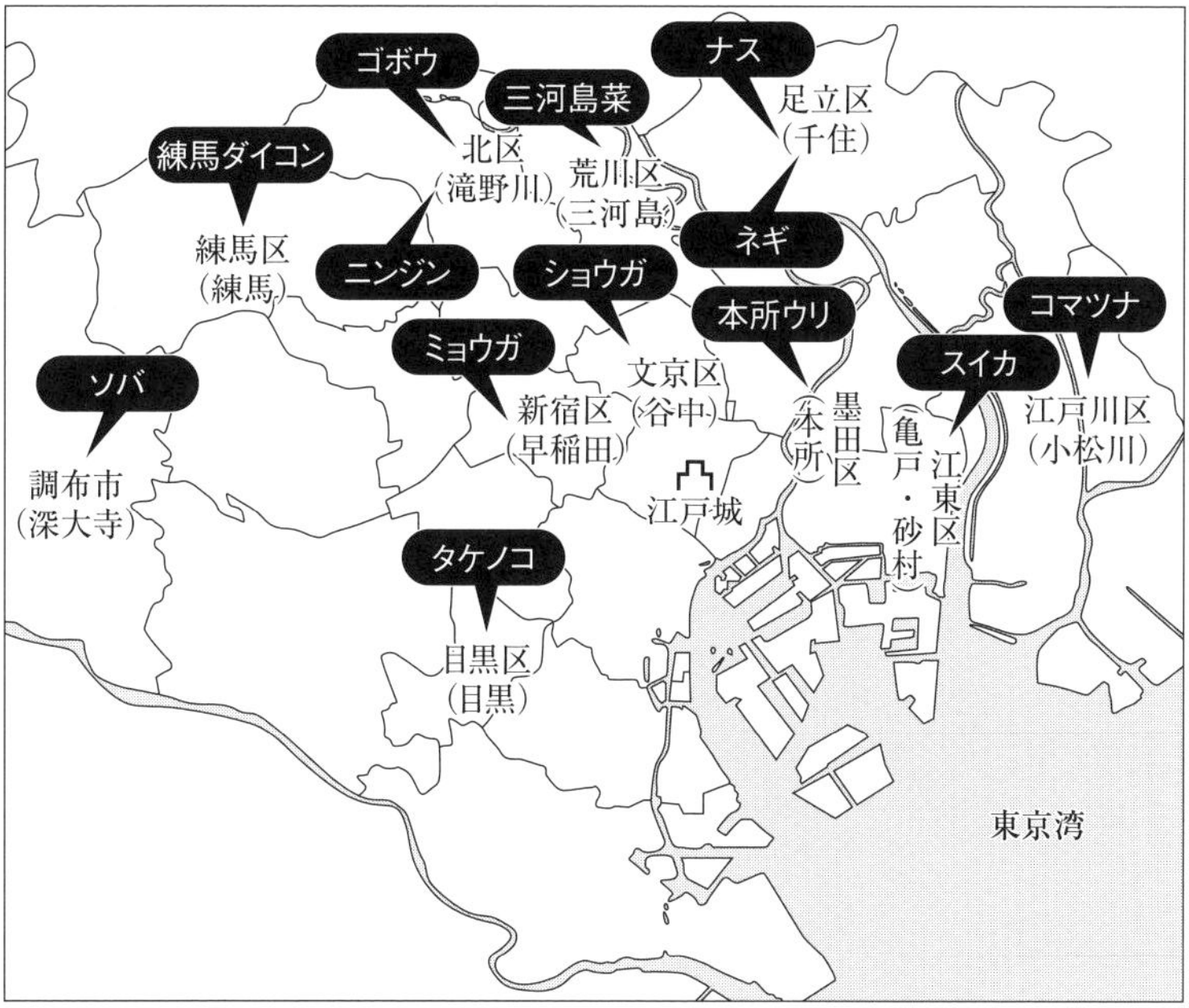

図 18　ブランド野菜地図（『フォーラム ＪＡ教育文化』96 号，家の光協会，2008 年）

戸西郊ではダイコン、ゴボウ、ニンジンなどの根菜類が作られ、それぞれ江戸市中に売り出された。これらのなかから、江戸向けのブランド商品が成立していったのである。

たとえば、東郊では、小松川《こまつがわ》（江戸川区）のコマツナ、千住《せんじゅ》（足立区）のナスやネギ、亀戸《かめいど》・砂村《すなむら》（江東区）のスイカ、本所《ほんじょ》（墨田区）のウリ、三河島《みかわしま》（荒川区）の三河島菜などがあり、西郊では、練馬《ねりま》（練馬区）のダイコン、早稲田《わせだ》（新宿区）のミョウガ、谷《や》中《なか》（文京区）のショウガ、目黒《めぐろ》（目黒区）のタケノコ、滝野川《たきのがわ》（北区）のゴボウ・ニンジン、深大寺《じんだいじ》（調布市）のソバなどがあった。これらのうちには、江戸城に種を上納し、城内の畑で育てられ、将軍や大奥に供されるものもあった。

今日知られる、東京のブランド野菜の多くは、江戸時代、首都江戸と首都圏農村の関係のなかで生まれたのである。

3 列島規模での教育熱

名君が贔屓にした学者が教育機関の基盤をつくる

江戸時代の教育の発展は、一八世紀前半に八代将軍吉宗が主導した享保改革を境に、前期と後期に分けられる。前期一七世紀の教育は、儒学（とくに主従・親子関係を厳しく規定する朱子学）が、将軍や大名をはじめとする武士中心に普及するというものであった。前述のように、前期の「名君」は、それぞれ儒学者をブレーンに登用し、自らの理想とする政治を展開した。儒学の普及は、全国的な「平和」社会の実現・維持に機能したのである。

転換点である将軍吉宗の享保改革は、国民教育の振興と、蘭学（西洋の学問）輸入の緩和、の二つを特徴として展開された。前期の教育が、武士中心の儒学教育であったのに対し、吉宗は庶民にも積極的に儒学を学ばせ、社会の身分や秩序を重んじることにより、社会を安定させようとした。たとえば、湯島《ゆしま》の聖堂（東京都文京区）では、儒学の講義を公開し、庶民も聴講できるようにした。また、父母に孝行すること、年長者を尊敬すること、子孫を教育することなど、六つの徳目の大切さを説いた中国清朝の教訓書『六諭衍義《りくゆえんぎ》』を読みやすくした『六諭衍義大意《たいい》』を出版し、江戸の町奉行の大岡忠相を通じて、江戸市中の手習所《てならいじょ》（寺子屋）に配った。いわば国定教科書である。吉宗は、これをテキストに庶民を教育しようとしたのである。

享保六年（一七二一）、吉宗は鷹狩りに出かけたさい、千住の島根村（東京都足立区）の医師吉田順庵《よしだじゅんあん》が手習所で幕府の法令を手本としていたのを褒め、代官に命じて各地の手習所の師匠にもこれを奨励した。子どもの頃から、手習いを通じて、幕府の法令を身につけさせようとしたのである。

享保八年には、儒学者の菅野兼山《すがのけんざん》が目安箱《めやすばこ》に投書し、私塾を開くための土地の貸与を幕府に願ったのに対し、吉宗は深川《ふかがわ》（東京都江東区）の新大橋《しんおおはし》付近の土地と金三〇両を与えた。菅野は塾を会輔堂《かいほどう》と名づけ、庶民に儒学の基礎を教えた。大坂の儒学者中井竹山《なかいちくざん》は、この会輔堂について、「始めて平民迄講習の所を得たり」（『草茅危言《そうぼうきげん》』）と、はじめて庶民に学習の機会が与えられたと高く評価した。

享保一一年には、大坂の儒学者三宅石庵《みやけせきあん》の塾、懐徳堂《かいとくどう》を準官学として保護した。懐徳堂は、鴻池又四郎《こうのいけまたしろう》ら五人の富裕な商人（五同志）が出資し設立された。大坂町人の学校らしく、自由かつ実学的な学風で、最盛期には江戸の幕府学問所の昌平黌《しょうへいこう》をしのぐ勢いを示した。吉宗の政策により、享保改革期、国民教育は黎明期を迎えたのである。

江戸後期の藩校設立ラッシュ

享保改革の影響もあり、後期一八世紀後半以降には、全国各地に藩校が設立・整備され、その数は、幕末期に二七〇校に及んだ。藩校は、藩の政治を担う優秀な人材を育てるため、藩士の教育を主な目的としたが、庶民に門戸を開く藩校も多かった。科目は、儒学や国学の他、医学、洋学、兵学、天文学などがあり、学生の年齢や習熟度により、クラスを分ける等級制を採用するなどした。こうして、全国の藩校で高度な教育が行われ、優秀な藩官僚たちが育っていった。

教育熱は藩校だけでなく、地域や身分を超えて広がった。この時期、全国で手習所が急増した。江戸時代の町人の多くは、夫婦と彼らの老父母、子ども計四、五人ほどの家族で暮らしており、子どもは、六、七歳くらいになると、手習所に通った。江戸時代は、文字や文書が普及し、子どもたちが生きていくために、読み書き能力が必須となった。子どもたちは、手習所で「読み書きそろばん」を学び、知識と技能を習得した。武家への奉公を希望する女子は、これらの他に琴、三味線、踊りなども教養として身につけた。

手習所の教育よりも高等な学問を身につけたい人々は、さらに個人経営の学問所の私塾に通った。藩校を修了した武士やその子どもたちのなかにも、私塾で学ぶ者がいた。宝暦八年（一七五八）、国学者の本居宣長《もとおりのりなが》は伊勢松坂（三重県松阪市）に私塾鈴屋《すずのや》を開き、『万葉集《まんようしゅう》』や『源氏物語《げんじものがたり》』などを講義し、各地

図19　咸宜園跡

から門弟四八八人が集まった。豊後日田《ひた》（大分県日田市）の商家に生まれた広瀬淡窓《たんそう》は、文化一四年（一八一七）に咸宜園《かんぎえん》を開き、年齢、地域、身分にかかわらず、だれでも学べる場とした。貧しい学生は、本を手書きで写す写本の仕事をしたり、商家で働きながら学んだ。日田の商人たちも、勉学の費用を援助する奨学金制度を整えた。こうした教育環境も評判となり、各地から生徒が集まった。

これら藩校、私塾、手習所が発達することにより、国民規模・列島規模で、「教育力」が高まったのである。日本人の「教育力」と「教育熱」に支えられた「江戸教育」は、日本社会の二五〇年を越える長期の「平和」を実現し、独自の日本型文明を築いた。明治維新以後の日本の近代化は、決して江戸の文明や教育を否定し、捨て去るものではなかった。今日、世界が注目する日本型経営・システムは、むしろ江戸の教育・社会を淵源とするものといえるのである。

4 「国都」江戸と「新都」名古屋——北斎の芸術活動の拠点——

江戸と名古屋の成立

江戸時代、「三都」といえば、政治都市（首都）の江戸、経済都市の大坂、伝統都市の京都をさす。しかし、江戸幕府成立から約百年後の一八世紀前半、八代将軍徳川吉宗の時代、御三家筆頭尾張藩の城下名古屋は、七代藩主徳川宗春の規制緩和・開放政策、今日でいう「小さな政府」にもとづく政治により、急成長を遂げた。当時、京都見物の帰りに名古屋に寄り、その繁栄に驚いた伊勢の旦那衆は、「名古屋の繁華に興（京）がさめた」と記している。のち天保一二年（一八三一）、名古屋商人の一東理助《いっとうりすけ》は、藩への上書において、老人の言葉として、昔は田舎町であった名古屋が宗春時代に発展し、三都に次ぐ大都会に成長したと記している。

一方、享保元年（一七一六）に江戸で始まる将軍吉宗の享保改革は、増税をもとに公共機能・国家機能を拡大する、高負担高福祉の「大きな政府」の政治を展開した。吉宗が、江戸を「国都」（首都）とよんだのに対し、享保一七年正月の名古屋の歳旦《さいたん》（正月の吉日に、新年を祝う筍を作り披露する会）では、「初春の子《ね》をも若やぐ新都《しんみやこ》」と、急成長する名古屋のエネルギーを「新都」と表現している。

「国都」江戸は、もとは戦国大名の小田原北条氏の支城江戸城の小規模城下町であった。しかし、天正一八年（一五九〇）北条氏が敗北（小田原城落城）すると、豊臣秀吉に命じられ、徳川家康が「江戸打ち入り（関東入国）」をして開発したフロンティアであった。

家康は、慶長五年（一六〇〇）関ヶ原合戦に勝利し全国制覇を実現するや、江戸を首都・大規模城下町へと大きく発展させた。江戸城の大規模普請、参勤交代制度による大名屋敷の整備、市街地の拡大、五街道・上水などインフラ整備も進んだ。明暦三年（一六五七）の大火を契機に、幕府は再開発を断行し、一七世紀後半から一八世紀前半にかけて、百万都市へと成長したのである。

首都改造と新都繁栄

吉宗の享保改革の中心政策の一つに、江戸の行政機能の充実・拡大、市中防火体制の強化、近郊行楽地の整備など、都市環境の改善を含む「首都改造」があった。しかし、享保改革は、長期にわたり倹約・緊縮を強制したため、社会の活力や発展の力を削ぐ面をもった。これに対し、徳川宗春は、享保改革を真っ向から批判するマニュフェスト『温知政要《おんちせいよう》』を著し、規制緩和と市場原理にもとづく「小さな政府」の政治を展開した。これにより、名古屋は、遊女町の拡大、祭礼・芝居・相撲などのイベントで

図20　名古屋城天守閣（名古屋市）

活性化し、文化・芸術の発信地として光芒を放ったのである。宗春自身、初入国のさい、浅黄色《あさぎいろ》の頭巾《ずきん》に、唐人笠《とうじんがさ》（縁があり中央が高くとがった笠）風の鼈甲《べっこう》の丸笠、全身黒づくめの衣裳で、籠《かご》に乗らず馬にまたがるという、藩士や領民を大いに驚かすパフォーマンスで臨んだ。社寺参詣のさいも、緋縮緬《ひちりめん》のくくり頭巾に、真っ赤な衣装をつけ、天井のない籠に乗った。帰りは衣裳を一変し、真っ白な着流しに帯を前結びにし、二間（三・六メートル）の長煙管《ながぎせる》の先を茶坊主に持たせ、煙草をふかしながら帰った。宗春の華美・派手な演出は、城下を大いに刺激し、活性化させたのである。

新たに出現した大規模市場の名古屋をめざして、外部資本も参入した。江戸の越後屋（三井）、京都の大丸屋（下村）、近江の松前屋（岡田）など有力呉服商が進出し、江戸の幾代餅《いくよもち》、伊勢の赤福、その他新蕎麦《そば》などの名産品も売られるようになった。地元資本も、呉服商の伊藤次郎左衛門家（のち松坂屋）、米穀商の関戸五兵衛家、内田忠蔵家（内海屋）など、のちに名古屋の「三家衆」とよばれる商家が、大きく発展した。宗春の時期、名古屋は三都に次ぐ大都市へと成長したのである。

化政期、江戸・名古屋の文化と北斎

名古屋の繁栄は、倹約を旨とし贅沢を禁止する将軍吉宗の宗春処罰により一時終息した。しかし、その後も名古屋城下では、祭礼、見世物、開帳などの催事が活発に展開し、芝居、琴、三味線、あやつり狂言、舞踊、能楽、平曲《へいきょく》、常磐津《ときわづ》、新内《しんない》、清元《きよもと》、長唄、小唄、茶の湯、生け花などの芸能・習いごとが広く普及した。

一方、享保改革に続く一八世紀後半、幕府では田沼意次が政治を主導し、宗春に近い規制緩和政策を全国展開した。「将軍の御膝元《おひざもと》」の江戸では経済が発展し、「江戸っ子」「大江戸」などの言葉が生まれた。黄表紙《きびょうし》の恋川春町《こいかわはるまち》、洒落本《しゃれぼん》の山東京伝《さんとうきょうでん》、川柳の柄井川柳《がらいせんりゅう》、狂歌《きょうか》の大田南畝《おおたなんぽ》、浮世絵の鈴木春信・喜多川歌麿《きたがわうたまろ》・東洲斎写楽《とうしゅうさいしゃらく》、出版の蔦屋重三郎《つたやじゅうざぶろう》など、江戸は上方に代わって文化・流行の発信地となった。

このうち、北斎の芸術は、宗春と田沼によって培われた「新都」名古屋と「国都」江戸の上に開花したといえる。一九世紀前半の文化・文政期、尾張藩士で絵師の高力猿猴庵種信《こうりきえんこうあんたねのぶ》（一七五六〜一八三一）は、著書『北斎大画即書細図《ほくさいたいがそくしょさいず》』において、当時の名古屋文化とともに、北斎のパフォーマンスを紹介した。そこには、地面に置いた大きな紙に、箒《ほうき》で何かを書き、それを滑車で吊るすと、大達磨《おおだるま》の絵柄が現れたことが記されている。

また猿猴庵は、著書『新卑姑射文庫《しんぴごやぶんこ》』において、「七面鏡《ななおもてのかがみ》」について、鏡の湾曲・屈折を利用して、前に立つと、自分が小さく見えたり、逆さに見えたりするなどの見世物《みせもの》を紹介し、「世に見せものはおほかれど、かゝる馬鹿らしき事はいまだこれあらず」「かゝる蛮国《ばんこく》の珍器《ちんき》までを、居ながらにして観《みもの》とする事も、ひとへに昇平の御代のしるしなるべし」と、馬鹿にしながらも、「平和」「泰平」の象徴として好意的に紹介している。

図21　葛飾北斎自画像（日本浮世絵博物館所蔵）

今日、名古屋が「大名古屋」「芸所名古屋」などとよばれる基礎は、こうして江戸中期以降に築かれたのである。役者界には、名古屋の芝居を江戸や上方の芸人がそっと見に来て、演技や客の反応を見る「隙《す》き見《み》」という言葉もあるという。宗春が自ら藩主の座をかけて吉宗に挑んだ成果は、その後名古屋の地において、北斎の化政時代、さらには現代へと確実に受け継がれたのである。

一方、「国都」江戸発の化政文化も、身分・地域をこえて、「国民文化」として全国に広がった。都市江戸では正月から暮れまで、四季おりおりの行事が共有され、人々は寺社参詣、行楽など市中および周辺各地へとくり出した。とくに両国橋一帯や浅草寺一帯は盛り場としてにぎわった。さまざまな大道芸人たちが、こままわし、芥子《けし》の介（ジャグリング、曲投げ）、がまの油売り、のぞきからくり、手妻《てづま》（手品）などのストリートパフォーマンスを披露した。この時期、滑稽本《こっけいぼん》の十返舎一九《じっぺんしゃいっく》・式亭三馬《しきていさんば》、人情本《にんじょうぼん》の為永春水《ためながしゅんすい》、読本《よみほん》の曲亭馬琴《きょくていばきん》、合巻《ごうかん》の柳亭種彦《りゅうていたねひこ》、風景版画の北斎・歌川広重《うたがわひろしげ》などの活躍も見られた。これらの都市文化は、江戸の首都機能や地位を高める役割も担ったのである。とくに北斎・広重らの多色摺《ず》りの木版画は、地方への江戸みやげとして喜ばれた。美人画の髪型や着物の柄は最新のファッションモードを伝え、風景画は、江戸名所のガイドブックとして、全国に広まった。一八〇〇年代以降には、フランスのモネ、オランダのゴッホなどヨーロッパ印象派に大きな影響を与えている。化政期、江戸の文化は、日本文化・国民文化という個性と独自性を確立し、のちに世界化という普遍性・共通性をも発揮していった。このシーンの中心に北斎はいたのである。

5 最も教育の進んだ国民——来日外国人の見た幕末——

幕末維新期の文字社会

江戸後期から幕末維新期にかけて、全国各地で寺子屋が展開し、社会の底上げ（ボトムアップ）が進んだ。寺子屋は全国一万五〇〇〇とされるが、実際はその五倍ほどあったといわれる。今日のように義務教育ではなく、学歴社会でもないこの時代に、これほどの教育熱の高まりは驚きである。名主（庄屋）など村役人の選挙でも、入れ札の筆跡が皆異なっていることを指摘した研究もある。江戸は、国民一人一人が文字を通してコミュニケーションをとり、また文字を通して国家の指示や意思を理解する社会であった。こうしたリテラシーをベースに、江戸文化が花開き、数々のベストセラーが生まれたのである。

外国人たちも、日本の教育水準・文明度の高さに驚いている。一八一一年に来日し松前藩に幽閉されたロシア海軍軍人のゴローニンは、「日本の国民教育については、全体として一国民を他国民と比較すれば、日本人は天下を通じて最も教育の進んだ国民である。日本には読み書き出来ない人間や、祖国の法律を知らない人間は一人もゐない」「国民全体を採るならば、日本人はヨーロッパの下層階級よりも物事に関してすぐれた理解をもってゐるのである」（『日本幽囚記《にほんゆうしゅうき》』）と記し、一八四八年に来日したアメリカ人のラナルド・マクドナルドは、「日本のすべての人—最上層から最下層まであらゆる階級の男、女、子供—は、紙と筆（ペン）と、墨（インク）（矢立）を携帯しているか、肌身離さずもっている。すべての人が読み書きの教育をうけている。また、下級階層の人びとさえも書く習慣があり、手紙による意思伝達は、わが国におけるよりも広くおこなわれている」（『マクドナルド「日本回想記」—インディアンの見た幕末の日本—』）と記している。

一八五三、五四年の二度来日したアメリカ東インド艦隊司令官のペリーは、「書物は店頭で見受けられた。それ等の書物は一般に初歩的性質の安価なものが通俗的の物語本又は小説本で、明かに大いに需要されるものであった。人民が一般に読み方を教へられてゐて、見聞を得ることに熱心だからである。教育は同帝国至る所に普及して居り」と記し、一八五八年に来日したイギリス人書記官のローレンス・オリファントは、「子供たちが男女を問わず、またすべての階層を通じて必ず初等学校に送られ、そこで読み書きを学び、また自国の歴史に関するいくらかの知識を与えられる」（『エルギン卿遣日使節録』）と記している。

一八五九年にイギリス初代駐日公使として来日したサー・ラザフォード・オールコックは、「日本では、教育はおそらくヨーロッパの大半の国々が自慢できる以上に、よくゆきわたっている」（『大君の都』）

と記し、一八六四年にスイス遣日使節として来日したエーメ・アンベールは、「成年に達した男女とも、読み書き、数の勘定ができる。日本の教育制度のすべてを軽蔑してはならぬ」（『アンベール幕末日本図絵』）と記し、一八六五年に来日したドイツ人ハインリッヒ・シュリーマンは、「日本には、少なくとも日本文字と中国文字で構成されている自国語を読み書きできない男女はいない」（『日本中国旅行記』）と記している。

これら来日外国人たちは、いずれも「江戸の教育力」の到達点に驚き、これを絶賛しているのである。

V

大奥ファーストレディとキャリアウーマン

1　官僚的な大奥組織

大奥の〝就業規則〟

江戸城大奥の制度が定まったのは、江戸城が完成した三代将軍家光期とされる。江戸城は現在の東京駅の西側の地に展開しているが、将軍居城の本丸は、南側が「表」、中ほどが「奥」、そしていちばん北側に「大奥」があった。「表」は儀式・儀礼や政務を行う公的な場、いわば官庁である。「奥」は将軍が政務を行うとともに日常生活を送る場、「大奥」は御台所《みだいどころ》や側室《そくしつ》の日常生活の場と区別されていた。

これら三つのエリアのうち、大奥だけが銅塀で「奥」と仕切られ完全に分離されていた。将軍は御鈴《おすず》廊下《ろうか》を渡って大奥に入った。その御鈴廊下の扉《とびら》の鍵は厳重に管理されていた。大奥を描くドラマなどでは、よく「上さまのおな～り～」という声とともに、御鈴廊下の鈴が鳴り、扉が開く。その先に大奥の女中たちが、左右にずらりと並んで迎えるシーンがある。しかし、廊下の幅はそれほど広くなく、実際に並んで迎えたのか、確認できない。

図22　皇居内江戸城大奥跡

大奥の面積は、幕末の弘化二年（一八四五）の記録では、本丸御殿全体の一万一三七三坪のうち、大奥が六三一八坪と半分以上を占めていた。それほど広大な面積が必要だったのは、表と違い、大奥に働く人たちが寝起きする生活空間であり、調理場や風呂、娯楽の場所などを備えていたからである。

大奥内部は、将軍の子女らが生活する「御殿向《ごてんむき》」、大奥の警備・事務担当の御広敷役人《おひろしきやくにん》が詰める「御広敷《おひろしき》向《むき》」、大奥女中が生活する「長局向《ながつぼねむき》」の三ブロックに区分される。

大奥は、二代将軍秀忠（在職は慶長一〇年〈一六〇五〉～元和九年〈一六二三〉）の時代、江戸城の普請・拡大が進むなか、秀忠正室の江《ごう》（崇源院）と世嗣家光の乳母春日局《かすがのつぼね》の尽力により成立した。大奥の役割は、将軍家の継続、すなわち世嗣《よつぎ》を生み育てることである。そのため、外部との接触は極力制限され、内部にも厳しい秩序と規則が定められた。大奥の女中は各々、将軍、正室、側室などに付属した。一四代家茂《いえもち》の頃、将軍付き一三二人、和宮《かずのみや》（家茂正室）付き七一人、天璋院《てんしょういん》（一三代家定正室）付き九一人、本寿院《ほんじゅいん》付き（家定生母）五六人、実成院《じつじょういん》（家茂生母）付き三九人であった（「徳川礼典録」）。奥女中はおおよそ一〇〇〇人、身分は、将軍に会える御目見《おめみ》えの上臈《じょうろう》、年寄（老女《ろうじょ》）、中臈《ちゅうろう》、表使《おもてづか》い、右筆《ゆうひつ》など、会えない御目見え以下の御三之間《おさんのま》、仲居《なかい》、火の番、御末《おすえ》などがあり、職掌や手当（給金）が定められていた。

彼女たちは、大奥に奉公に上がるさい起請文《きしょうもん》（誓詞）を書かされた。内容は、奉公は一生懸命勤め悪心を持たない、奥勤めで知ったことは何事も外に漏らさない、好色がましい行いや物見遊山《ものみゆさん》はせず、行動を慎むこと、徳川家の威光を借りて驕《おご》らない、朋輩《ほうばい》の陰口を言わない、火の用心を怠らない、などである。

女中たちは、外出も自由にできず、外出のさいは理由を記して申請し、許可を得なければならない。手紙も、両親や親戚など、出せる範囲が定められていた。大奥の一角には、広敷番という男性の見張り役が常時交代で泊まり込み、出入りする者をチェックする部屋があった。「大奥に入れる男性は将軍だけ」というのは誤りで、広敷番を含む広敷役人（すべて男性）が警備していたのである。文久三年（一八六三）当時、広敷番は、天璋院付き、和宮付き、本寿院付きと計二一六名が確認される。その他、八百屋、魚屋、大工などの男性も、大奥に出入りしていた。

ただし、女中たちが彼ら男性と親しく言葉を交わすことは、なかったと思われる。それでも、老中らの大奥見回りのさいに、女中たちが部屋の障子を開けて覗いたり、からかうこともあったという。男性と間近に接するのは、女性たちにとってはやはり心ときめく機会だったのであろう。

奥女中はキャリアウーマン

将軍正室の御台所が変わっても、女性たちはそのまま勤めを続けた。というのも、大奥は主従関係とは異なる官僚組織であったことによる。

図 23　春日局墓（東京都文京区，麟祥院）

大奥女中の最高位は上臈年寄であるが、これは名誉職に近い。御台所となる公家の娘に従って京都からやって来た女性たちで、公家出身者が多い。実質的な権力者はその下の年寄である。年寄が、将軍付き、御台所付き、側室付きと、各部署を取りしきり、大奥を動かした。その下に中年寄や小姓、表使などさまざまな身分があった。これら将軍や御台所に拝謁できる階層を「御目見え以上」と言い、旗本の娘が縁故その他の理由で採用されることが多かったようである。

その下に、「御目見え以下」の御三之間、御《お》半《は》下《した》など、煮炊きや雑用を担当する身分があった。彼女たちは、将軍や御台所に拝謁することはできない。こちらは、御家人ら下級武士の娘や町人、農家の娘などが、行儀見習いを兼ねて奉公に上がることが多かった。

しかし、大奥の身分は必ずしも固定的ではなく、出世も可能だった。それは、「奥奉公出世双六《すごろく》」などにも示されているが、身分だけではない官僚システムができあがっていたからである。ちなみに、奥女中の給料は、職階によって決まっていた。徳川時代の儀礼規則関連の史料を集めた『徳川礼典録《れいてんろく》』をもとに現代の金額に換算すると、一両を約一〇万円として上臈年寄・年寄クラスは年収一一〇〇万円、中臈が五五〇万円、御目見え以下では、最上位の御三之間が二〇〇万円、御半下でも六〇万円ほど支給されている。衣服や薪代などは別途支給されるので、彼女たちは自由になるお金をかなり持っていたといえる。大奥全体の予算規模を、大老井伊直弼《なおすけ》時代の安政頃（一八五四〜六〇）を例にみると、年間予算は二〇万両、約二〇〇億円とかなりの金額である。

政治勢力としての大奥

大奥と政治の関係について見ると、将軍正室の御台所の中には、目立って政治的な活動をした人物は少ない。徳川吉宗を八代将軍に推した天英院《てんえいいん》、幕末動乱期、活発に政治的な動きを見せた篤姫《あつひめ》と和宮などは、珍しい存在といえる（以下、「篤姫」「和宮」は、便宜上、院号ではなく、落飾《らくしょく》前の名で記述する）。

ただ、大奥という組織は表の政争と無縁ではなかった。例えば、一八世紀後半に幕政を仕切った田沼意次と老中松平定信の対立期、大奥でも両派に通ずる年寄がいた。大奥抜きでは、表の政治も十全に動かなかったようである。松平定信やのちに天保改革（一八四一〜四三）を断行した老中水野忠邦は、大奥の合意を取り付けたうえで、改革を進めている。幕末期、薩摩藩主の島津斉彬《なりあきら》ら一橋派が、一三代将軍家定《いえさだ》の正室として篤姫を幕府に送り込んだのも注目される。篤姫付きの幾島《いくしま》が、江戸薩摩藩邸の老女小《お》の島《しま》にあてた手紙によると、「次期将軍職を一橋（慶喜）にするために（自分は篤姫と）大奥に入ったが、お上（家定）はどうしても一橋がお嫌いで」とある。さらに、「これ以上篤姫さまが一橋を推すと、将軍家定さまとの夫婦仲が壊れてしまうと、本寿院さま（家定生母）が心配されている」とも記している。

この手紙が書かれたころ、篤姫は一橋派から紀州派へ転向したと見られる。幾島は、斉彬の指示をまっとうできないことを悟り、宿下がりを願い出ている。

家定「うつけ」説の真相は？

さて、篤姫の夫で一三代将軍の徳川家定は、将軍的資質を欠く「うつけ」であったのか。家定について記述する史料を捜索すると、書いた人物の立場により、家定評は真っ二つに分かれる。「うつけ」との見方をするのは島津、越前、水戸など一橋慶喜《よしのぶ》を推す「一橋派」であった。対して、大奥女性、勝海舟など幕臣、そして譜代代表ともいえる井伊直弼など、御三家紀州家の徳川家茂《いえもち》を推す「紀州派」は、

「うつけではない」と述べている。

真偽のほどは不明であるが、幕臣でありながら御三卿（徳川宗家に嗣子がないとき宗家継承者を出す宗家の支族で、一橋・田安・清水の三家）の一橋家へ出向している渋沢栄一らの記録が、最も事実に近いように思われる。それによると、将軍家定は確かに短気で癇癪もち、すぐに怒る性格であった。しかし、けっして政治に不向きではない。島津斉彬ら当時の「名君」たちに比べればいささか見劣りするものの、二六〇余の全国諸大名の中ではさほど劣らないと評価している。幕末という激動の時期ではなく、また将軍ではなく藩主であったなら、批判はされなかったはずと書いている。勝海舟は、日米修好通商条約（一八五八年）の締結を公表しようとしたとたん、家定うつけ説が一気に流れたと書いている。家定のうつけ説には、きわめて政治的な意図が絡んでいたのである。

江戸無血開城の陰の功労者

御台所をトップとする大奥女性官僚システムが最高度に機能したのは、幕府が崩壊し、江戸城明け渡しが目前というときである。篤姫は、宿下がりからすでに一〇年近くが経ち、病気と老齢で動けなくなっていた幾島を呼び出した。そして、医者と護衛の武士、大奥の女性をつけて、官軍の本陣で指揮をとる西郷隆盛のもとへ使者として派遣した。西郷にとって、主家筋にあたる篤姫は、書状を認《したた》め江戸を攻撃しないよう嘆願したのである。和宮も、自分付きの中臈たちを次々と京都の朝廷や、進軍を続ける官軍の前線へと派遣し、同じく攻撃中止を依頼している。

彼女たちのそうした行動は、危機に直面した特別な行為とは言えない。大奥は成立以来、表との駆け引きや連携など、数々の政治的経験を蓄積してきた。篤姫と和宮の政治的行為は、いわばその総決算であった。そして、それを可能にしたのは、賢明な主の意を体して、殺気立つ敵軍の陣中に恐れず出かけ、使命を果たした大奥女性官僚の存在である。表面的な史実だけを見ると、勝と西郷が会談して江戸無血開城が成ったように思われるが、そのお膳立ては、これら女性たちが整えたと言ってよい。勝・西郷会談はむしろ、儀式のようなものである。

新政府軍が江戸に迫る中で、旗本の一部が暴発しかねない空気になっていた。それを懸命に抑えたのが、この二人の女性であった。他方、徳川家トップの慶喜は、鳥羽・伏見の戦いに敗れると、一万五〇〇〇の旧幕府軍をそのままに、わずかな供を連れて江戸に逃げ帰り、謹慎してしまった。幕府役人も登城せず、見張り番もいない閑散とした江戸城大奥から、篤姫と和宮は気丈にも、それぞれ触れを出したのである。おそらく江戸時代最初で最後の、大奥が発した表宛の法令で、「今ようやく官軍との話し合いが整い始めているのに、ここで徳川側が暴発しては、これまでの交渉が水泡に帰してしまう。徳川家を残すため、江戸の町や江戸城を戦火にさらさないために、暴発してはならぬ」と、軽挙を戒めるものであった。ひっそりとした江戸城の中で、この二人の女性が最後の始末を指揮する姿が浮かんでくる。彼女たちが一つ判断を間違ったら、大変な事態にもなりえた。江戸城明け渡しが血を流すことなく行われた要因の一つに、この二人と、これを支えた大奥女性官僚の活躍があったのである。

さらに、篤姫と和宮、大奥女性官僚の背後には、大きく成長した江戸時代の女性たちがいた。大奥へ奉公に上がる下働きの女性たちを通じて社会と城内はつながっていた。先の「奥奉公出世双六」などのゲームを庶民は楽しんでいた。当時来日していた外国人たちが驚くほど、自信に満ち、たくましく働き、時に花見や芝居見物などを楽しむアクティブな女性たちがいたのである。大奥は、閉鎖された女性のエリート集団、孤立した特殊な空間ではなく、当時の活発な女性たちを象徴する場でもあったのである。

2 大奥の世界

大奥ブランド

先に述べたように、江戸城の中心施設の本丸は、幕府の儀式・行事を行う「表」、生活と政務を行う「奥」、そして「大奥」の三つのエリアから成っていた。大奥は、将軍と正室・側室らトップレディー、その子女、さらには彼らの生活を支える女中約一〇〇〇人のキャリアウーマンが労働・生活するエリアであった。

三代家光以後、正室は天皇家や摂家から迎え、上臈も公家から迎えた。彼女らに仕える御目見えの女中は旗本・御家人家の娘が多く、御目見え以下は農民や町人の娘が多くいた。彼女らにとっては、結婚や就職に向けて、作法や教養を学び、大奥ブランドを身に付けるチャンスであった。

女中の採用にあたっては、御吟味と呼ばれる面接試験が行われたが、その前提には縁故関係や推薦などが必要であった。

厳しい秩序と規制

大奥の秩序と規制は厳しく、たとえば元和四年（一六一八）正月一日の「大奥法度」では、「局より奥へは男子入べからす」「女上下とも券なくして出入すべならず」など、男子禁制、女子でも出入りには手形が必要なことなどが定められた。また、「走り入女ありて其よしつげ来らば、すみやかに返し出すべし」と、駆け込み寺同様に避難所《アジール》として逃れてくる女性もいたが、これは認めていない（『徳川実紀』）。

寛文一〇年（一六七〇）二月一二日には誓詞と法度が定められ、誓詞では法度の遵守、倹約、火の用心などを誓い、法度（「条々」）では、誓詞前書の遵守、表向の作法、御台所や大名奥方への対応などが定められた（『徳川禁令考』前集三）。

享保元年（一七一六）一一月二六日には女中たちにあらためて誓詞提出を求めた。内容は誠意をもって忠義を尽くし、大奥のことを他に話さないこと、部外者の願いは取り次がないこと、休暇時に劇場や遊所などには行かないことを誓わせた。また同日の「大奥法度」でも、男子通行の制限、火の用心などを定めている（『徳川実紀』）。

享保六年（一七二一）四月一八日「大奥法度」では、質素倹約を守ること、女中の文通や大奥に招く親族の範囲を限定し、親族を部屋子にするときは老女にうかがい、留守居の指揮を受ける事などを定めた（『徳川実紀』）。

全体を通して、組織統治（ガバナンス）と法令順守（コンプライアンス）の徹底がはかられている。大奥女中たちは、こうした職場環境、生活環境の中で、キャリアウーマンとしての道を歩んだのである。

大奥ファーストレディーの経歴

以上のように、大奥は、一見厳格な身分、組織、ルールのもとで日々運営されていたようであるが、その内実はかなり流動的であった。

先述の当時広く江戸社会に普及していた「大奥出世双六」を見ると、「御はした」などの下働きから「御イ中居」「呉服間」などをへて、将軍の男子をなした中臈の「御部屋様」と「年寄」二つが最終ポストとして示されている。「御部屋様」は将軍の寵愛を受ける存在、「年寄」は大奥官僚システムのキャリアパスのトップである。すなわち、大奥は正室や上臈など天皇家・公家出身の女性が就く身分的ポストとは別に、才能、知識、技能、容貌などにより、出自にかかわりなく出世するコースが開かれていたのである。その証拠として、初代家康を除く将軍一四人のうち、正室から生まれた者は、二代将軍秀忠の正室江《ごう》の子三代家光ひとりであり、他は側室の子か他家からの養子であった。

また、四代将軍家綱の生母楽《らく》（宝樹院）は、下野古河藩元藩士の父が罪を蒙り困窮生活ののち、母が再婚して江戸浅草（台東区）の町宅に住んでいたとき、春日局が浅草観音に参詣に来て、駕籠の中から偶然家の前で遊んでいた楽を見て城に召し出したという（『徳川諸家系譜』）。

また、五代綱吉の生母玉《たま》（桂昌院）は、母が京都堀川通西藪屋町の八百屋仁左衛門の妻であったが、仁左衛門が亡くなり、女子二人を連れて二条関白の家司《けいし》本庄《ほんじょう》氏の賄《まかない》奉公し、のち妾《しょう》（正室以外の女性）となった。この二人の女子のうち妹が玉である。六条家の梅《うめ》の縁により江戸に出て、春日局の指南を受け、将軍家光の御側に上がり綱吉を生んだという（『徳川諸家系譜』）。玉のシンデレラストーリーは、のちに「玉の輿」の語源になったともいわれる。

大奥キャリアウーマンの履歴

キャリアウーマンとして女性官僚トップの道を極めた春日局（福）を見てみたい。

彼女は、父斉藤利三が本能寺の変の逆臣明智光秀の重臣であり、山崎の戦いに敗れ磔刑《たっけい》に処された。福は母方の実家稲葉家の一族稲葉正成に嫁いだ。正成は関ヶ原の戦いのさい、主君小早川秀秋を家康方に翻意させた功をもつ。しかし、福はその後正成と離婚し、将軍世嗣家光の乳母に採用され三〇〇〇石を与えられた。福は将軍就任後も家光から信任され、大奥の最高権力者となり、幕政にもかかわった（『徳川諸家系譜』）。

大奥官僚制の事実上のトップの年寄（老女）は、表の老中に匹敵する地位を誇った。側室で七代家継生母の月光院に仕え、年寄として権勢をふるった絵島《えじま》は、甲府藩士の娘に生まれ、母が旗本と再婚した。自身は、尾張徳川家、甲府徳川家（家宣）に仕え、家宣の将軍就任とともに大奥に入り一気に権力を掌握した。しかし、正徳期の政争がからみ、正徳四年（一七一四）江戸山村座《やまむらざ》の役者生島新五郎《いくしましんごろう》とのスキャンダルを理由に信州高遠《たかとお》（長野県伊那市）に流され、この地で生涯を送った。

幕末期、一三代家定と、一四代家茂の二代の将軍に仕えた年寄瀧山《たきやま》は、御鉄砲百人組の大岡義方の長女に生まれ、一六歳で大奥に入った。家定の将軍就任とともに年寄に就任し、ポスト家定をめぐる一四代継嗣問題では、紀州藩主家茂《いえもち》を推す紀州派に組して行動し、一橋慶喜を推す一橋派が大奥に送り込んだ正室篤姫（天璋院）や天璋院付き年寄幾島と対立し、これに勝利した。一五代慶喜の回顧録『昔夢会《せきむかい》筆記《ひっき》』には、老中や旗本が将軍職を薦めた際、当初これを断った理由として、第一に幕府が衰亡の兆しを見せていたこと、第二に「大奥の情態を見るに、老女（年寄）は実に恐るべき者にて実際老中以上の権力あり、ほとんど改革の手を著すべからず、これを引き受くるも、とうてい立ち直し得る見込み立たざりしによれり」と、大奥年寄（瀧山のこと）に恐るべき権力があり、幕政改革の可能性がなかったことをあげている。瀧山は、慶喜に将軍就任を逡巡させるパワーを持っていたのである。

大奥のファーストレディーやキャリアウーマンらは、完全に身分や家柄から解放されていたわけではなかった。しかし、男性の官僚社会が、より強く身分や家格に規定されていたのに比べ、彼女たちの昇進や能力発揮の可能性は高かったといえる。

幕末大奥の「内政」と「外交」

慶応三年（一八六七）一〇月一五代慶喜は大政奉還し、翌明治元年正月三日鳥羽伏見の戦いが勃発した。旧幕府軍は新政府軍に敗れ、慶喜は上野寛永寺に謹慎、江戸は総攻撃の危機に陥った。この時期江戸城は、「表」が機能不全となり、「奥」が将軍不在の状況となるなか、「大奥」は徳川家家臣と新政府軍に対して、積極的な「内政」と「外交」を展開した。

正月二〇日、かつて天皇家から降嫁し、亡き一四代将軍家茂《いえもち》の正室であった和宮（静寛院宮《せいかんいんのみや》）は、江戸に迫る東海道先鋒総督兼鎮撫使《せんぽうそうとくけんちんぶし》の橋本実梁《さねやな》に書状を送り、自分の命に代えて徳川の家名存続を願った（『静寛院宮日記』）。二八日、徳川家は家臣に対し暴挙（武力抵抗）を戒めた（「続徳川実紀」）。

当時、二月二九日から三月二日まで江戸にいた紀州藩士の堤嘉市と本多甚五郎は、市中の様子を、見《み》附《つけ》（見張所）の番人は引き払い、江戸城西の丸も天璋院《てんしょういん》（篤姫）と静寛院宮がいるだけで、諸役人の出勤もなく、若年寄は役宅（藩邸）で勤務していると、江戸城の機能停止と、市中の閑散さを記している（『戊辰日記』）。

三月、天璋院（篤姫）は、東海道鎮撫軍隊長宛に書状を送り、一命にかけて徳川家存続を願い、「私は、徳川家に嫁したうえは、徳川家の土となるつもりである」と述べた。

三月八日、大奥は徳川家中に対して、新政府軍に不敬のないこと、このたび大総督宮の陣中へ静寛院宮の侍女土御門藤子《つちみかどふじこ》を派遣するので、くれぐれも恭順の意を失わないことを命じている。そして末尾では、「右之通、大奥より被仰出候間、末々ニ至迄心得違無之様可被達候事」と、大奥からの発令なので、下々まで心得違いないよう徹底することを命じている（『幕末御触書集成』）。江戸開幕以来、おそらく初めての「大奥発」の触である。大奥の「内政」（徳川家内部の統治）の実態を示している。ほぼ同文の触が『藤岡屋日記』にも見られ、「大奥より浅野美濃守江御渡」とあり、この解が、表の若年寄浅野美作守氏祐を経由して家臣たちに知らされたことがわかる。

三月一一日天璋院は新政府軍中の薩摩軍に再度嘆願書を提出する。使者には、大奥の元年寄「つほね」（局＝幾島《いくしま》）を任じている。幾島は高齢で歩行困難になり、宿下がりしていたところを、急きょ呼び出され出立した。『藤岡屋日記』によると、指添役の福田と、奥医師の浅田宗伯《そうはく》が同行し、警固の武士二人が付き、新政府軍の西郷隆盛と交渉している。

他方、静寛院宮もまた、使者として先の藤子を東海道に、年寄玉島を中山道に、それぞれ出立させている。玉島は、一一日大宮宿（埼玉県さいたま市）で新政府軍東山道先鋒総督の岩倉具定《ともさだ》に書状を渡した。書状の内容は、〝このたび徳川家家臣は新政府軍に不敬がないよう申し付けたが、万一心得違いの者がいるかもしれない。私の心中を察し、詳細を玉島から聞いてほしい〟というものであった。玉島は、静寛院宮に代わり事情を説明したと思われる。

三月一八日、静寛院宮は今度は徳川家家臣に対して、万一暴挙を起こすと、これまでの折衝が策謀と思われ、以後交渉ができなくなるので、徳川家のため、また社会が動揺しないために、家臣らは恭順の意を失わぬよう命じている（「静寛院宮日記」）。

天璋院も、江戸城総攻撃の中止決定後の三月一九日、もし家臣に不心得者がいると、徳川家の一大事となり、これまでの努力も無に帰すので、心得違いなく静謐《せいひつ》を保つよう命じている。そして、この触の文末にも、先の三月八日の触と同じく、「右之通、大奥より被仰出候間、向々江不洩様可被相触候」と、大奥発であることを記しているのである。

江戸城明け渡しの最終段階において、「内政」と「外交」両面の危機管理を、天璋院と静寛院宮を中心とする大奥が担っていたのである。もちろん、二人の意を受けて、さまざまな活動を行った年寄以下の大奥女性官僚たちの役割も忘れてはならない。これらの活動のうえに、三月一四日の西郷隆盛と勝海舟の会談の成功があったのである。

大奥成立から二〇〇年以上の錬成をへて、彼女たちが果たした歴史的役割こそ、大奥キャリアウーマンの到達点といえるのである。

3

武家出身の将軍家正室

将軍家ゆかりの女性社会＝大奥社会は、ともすると表の男性社会＝政治社会に支配され従属させられたイメージでとらえられがちである。しかし多様な出自の女性によって構成された大奥社会は、江戸時代を通じて、日常の生活、文化・儀式など、さまざまな場面で、独自の政治機能を発揮した。以下、将軍正室（ファーストレディ）に注目し、武家出身の正室の時代、宮家・公家出身の正室の時代、島津家・天皇家への拡大の時代、に大別し、彼女たちの政治的役割を見ることにしたい。

武家出身の正室の時代

最初は、武家出身の正室の時代である。初代将軍徳川家康（一五四三〜一六一六）をめぐる女性として、生母於大《おだい》（伝通院）（一五二八〜一六〇二）がいる。於大は三河国刈谷城主（愛知県刈谷市）の水野忠政の二女で、同国岡崎（同岡崎市）城主の松平広忠（一六二六〜四九）の正室となり家康をもうけた。

家康の正室築山殿《つきやまどの》（西光院、?〜一五七九）は、戦国大名今川義元の重臣関口親永氏広の娘であり、家

図24　岡崎城天守閣（岡崎市）

康が岡崎城から浜松城（静岡県浜松市）に移るさいに、彼女は長男信康の後見として岡崎城にとどまった。しかし、織田信長から武田勝頼と内通しているとの嫌疑をかけられ、信康は謹慎、築山殿は家康のもとに弁明に赴く途中、家臣に殺害された。戦国時代の政略に巻き込まれた最期であった。

　家康の次の正室朝日姫（南明院）（一五四三～九〇）は、豊臣秀吉の異父妹で、天正一四年（一五八六）秀吉の命で夫の佐治日向守と離縁し、家康のもとに正室として送られた。これも典型的な政略結婚である。

　家康の側室は多くいたが、そのうち西郡の方（蓮葉院）は、今川氏真の家臣で、のち家康に仕えた鵜殿十郎三郎長祐（あるいはその養子長忠とも）の娘で、天正年間（一五七三～九二）あるいは文禄・慶長年間（一五九二～一六一五）に浜松城の奥に勤め、岡崎城において督姫（相模国小田原城主北條氏直に嫁し、のちに播磨国岡山城主池田輝政に嫁す）をもうけた。

同じく側室の阿茶局（雲光院殿）（一五五四～一六三七）は、甲斐武田氏家臣飯田直政の娘で、今川氏家臣神尾忠重の妻となり、のち家康に仕え、所々陣中に従った。天正一二年小牧長久手の合戦のさいには、陣中で流産した。同一八年以後は、「御隠密之御用向、従奥執政江伝達、蒙慶長十九年甲寅、大坂冬御陣御和睦御使、到城中調之」（『徳川諸家系譜』第二）と、隠密御用を担当し、奥から重臣らへ指示を伝え、慶長一九年（一六一四）の大坂冬の陣では和睦の使者として大坂城中に赴き任務を果たした。元和二年（一六一六）の家康没後は江戸城中竹橋門内、のちの田安邸の場所に屋敷を与えられ、元和六年に二代将軍秀忠の娘の和子（東福門院）が後水尾天皇（一五九六～一六八〇）に嫁ぐさいには、母代わりの役で上洛し、和子お産のさいも上京した。元和九年家光が三代将軍就任のために、父秀忠とともに上洛したさいも供奉《ぐぶ》している。阿茶局は、家康から家光までの幕府草創期に、家康に従軍し、豊臣氏や朝廷などを相手に重要な「外交」に従事したのである。

　二代秀忠（一五九七～一六三二）は、家康の三男として生まれたが、生母は家康の家臣の西郷清員の養女から家康側室となった愛（西郷局、宝台院）である。秀忠は、秀吉の命により、近江国小谷（滋賀県）城主浅井長政の三女江《ごう》（崇源院）を正室とする。先に記したように、娘和子を後水尾天皇に嫁がせたが、天皇は幕府の介入に反発し、寛永六年（一六二九）和子との間の女子明正天皇に譲位した。

　家康、秀忠はともに、将軍就任以前の婚姻であり、正室はいずれも武家出身であった。

4 宮家・公家出身の将軍家正室

第二期の三代将軍家光（一六〇四〜五一）は、慶長八年（一六〇三）家康の将軍就任の翌九年に江《ごう》が生んだことから、「生まれながらの将軍」と言われた。しかし二年後に弟忠長が生まれると、二代将軍の父秀忠と母江は忠長を偏愛した。家光の乳母の福（後の春日局）（一五七九〜一六四三）は、事態を憂慮し、駿府の大御所家康に直訴嘆願したことから家光が後継となった。曲折があったとはいえ、家光は一五人の将軍のうち、正室から生まれた唯一の将軍となった。この家光は、五摂家（摂政・関白を出す近衛《このえ》、鷹司《たかつかさ》、九条、一条、二条の五家）の一つ前関白鷹司信房の娘孝子を正室とした。

前述のように、春日局は、明智光秀の重臣斉藤利三《としみつ》の子に生まれ、小早川秀秋家臣の稲葉正成に嫁いだが、慶長九年家光の乳母となり、夫と離別して大奥に入った。寛永六年（一六二九）には幕府と朝廷との間で起きた紫衣《しえ》事件の解決のために上洛し、後水尾天皇に拝謁し、春日局の号を与えられた。

四代家綱（一六四一〜八〇）は、三代家光の長男に生まれ一一歳で将軍に就任した。生母は青木利長の娘で家光側室の楽《らく》（宝樹院）（?〜一六五二）である。父利長は、下野国農民から下級武士となり罪を犯して死罪となる。家綱の正室には、天皇の皇子を祖とする宮家の伏見宮貞清親王《ふしみのみやさだきよしんのう》の娘（浅宮顕子《あさのみやあきこ》）を迎えた。家綱の治世は二九年に及んだが、子がないまま亡くなった。

五代綱吉（一六四六〜一七〇九）は、家光の四男で家綱の末弟である。生母は家光の側室玉（桂昌院）（一六二七〜一七〇五）である。玉の実父は京都堀川通西薮屋敷町の八百屋、養父は二条家の家司《けいし》（家臣）本庄太郎兵衛宗利であり、玉はつてを頼り大奥に奉公したところ、家光の寵愛を受けた。子の綱吉が将軍に就任すると、玉は江戸城三の丸に入り、護持院《ごじいん》（文京区）の僧隆光《りゅうこう》を重用し、寺社建立や生類憐み令など政治に深くかかわった。綱吉の正室は、将軍就任以前に結婚した左大臣鷹司教平《たかつかさのりひら》の娘信子《のぶこ》（浄《じょう》光院《こういん》）であった。しかし、綱吉も家綱同様、世嗣に恵まれず、兄綱重の子綱豊（家宣）が後を継いだ。

六代家宣（一六六二〜一七一二）は、綱重の側室保良（長昌院）を母に生まれたが、綱重が正室をもつ前であったことから旗本の新見正信に養育され、のち綱重の嗣子となった。家宣の正室は、甲府城主時代に縁組した関白太政大臣の近衛基熙《もとひろ》（一六四八〜一七二二）の娘熙子《ひろこ》（照姫、天英院）である。天英院の子は夭逝《ようせい》したが、幕政の内実をしばしば父基熙《もとひろ》に知らせている。

七代家継（一七〇九〜一六）は、加賀藩前田家の家臣でのち浅草唯念寺《ゆいねんじ》（台東区）の住職となる勝田玄哲の娘で家宣側室の喜世（月光院）（一六八五〜一七五二）を生母とした。家継は四歳で将軍となり八歳で亡くなるが、この間天英院と月光院の発議により、「公武合体」の名目のもと、家綱と霊元法皇の皇女八十宮吉子との婚礼がはかられた。しかし、家継の急逝により頓挫し、ここに徳川秀忠の血統は傍系も含めて、全く絶えることになった。

この間、正室天英院と結ぶ表の老中ら譜代派と、側室月光院と結ぶ間部詮房《まなべあきふさ》や新井白石ら新参派との対立が深まり、幕政は停滞した。正徳四年（一七一四）月光院の腹心で大奥年寄（老女）の絵島《えじま》（一六八一〜一七四一）と歌舞伎役者生島《いくしま》新五郎（一六七一〜一七四三）の密通事件（絵島生島事件）による絵島失脚は、新参派の打撃となり、譜代派の勢力回復の要因となった。

宗家血統の断絶という初めての事態のなかで、次期将軍選びが行われた。『徳川実紀』によれば、この過程で、御三家筆頭の尾張家を抑えて紀伊家当主の徳川吉宗の名があがった。しかし、吉宗は年齢からいえば水戸家の綱条《つなえだ》が、家柄からいえば尾張家の継友《つぐとも》がふさわしいと辞退した。そこで天英院は、吉宗を大奥に招いて、「前代の御遺命なり。天下万民のために、御政を摂したまふべしと、懇の御旨」（第八篇）と、六代家宣の遺言に従い国政を担当してほしい、ただただ頼むしだいであると述べた。しかし、それでも吉宗が固辞したので、天英院は声高に「弥《いよいよ》辞退あるべからず」（第九篇）と命じ、吉宗はようやく謹んで受けた。こうして八代将軍吉宗が誕生したのである（大石学『吉宗と享保の改革』東京堂出版、一九九五年）。

将軍吉宗の生母紋子《もんこ》（お由利）は、紀伊二代藩主の徳川光貞の側室である。出自は、農民の娘、浪人医者の娘、巡礼の娘など諸説あるが、いずれにしても低い身分の出身であった。

吉宗の正室は、紀伊藩主時代に伏見宮から迎えた真宮理子《さなのみやまさこ》であった。しかし、宝永七年（一七一〇）

理子は吉宗の将軍就任前に亡くなり、吉宗はその後正室を迎えていない。

吉宗の側室のうち、九代将軍となる長男家重《いえしげ》（一七一一～六一）を生んだ須磨《すま》は紀伊藩士大久保忠直の娘、御三卿田安家の祖宗武《むねたけ》（一七一五～七一）を生んだ古牟《こん》は紀伊藩士竹本正長の娘、一橋家の祖宗尹《むねただ》（一七二一～六五）を生んだ久《ひさ》は、同じく紀伊藩士谷口正次の娘であった。いずれも吉宗の紀州藩主時代以来の側室であり、藩士の娘であった。

九代将軍については、家重の資質を疑問視する老中松平乗邑《のりさと》が、田安宗武を擁立する動きが噂されたが、吉宗の意向により家重が就任した。家重はすでに享保十六年（一七三一）西の丸時代に、父吉宗と同じ伏見宮家から比宮増子《なみのみやますこ》を正室に迎えている。田安宗武の正室は関白近衛家久《いえひさ》の娘知姫（宝蓮院《ほうれんいん》）、一橋宗尹は関白一条兼香《かねか》の娘俊姫であった。吉宗は、子供たちに京都の宮家や関白家の娘を迎えたのである。

一〇代家治《いえはる》（一七三七～八六）の生母は、梅渓《うめたに》従二位前権中納言通条の娘で、家重の側室となった幸《こう》（至心院《ししんいん》）である。家治の正室は、閑院宮《かんいんのみや》家の娘の五十宮倫子である。

家治の弟で御三卿清水家の祖重好《しげよし》の生母は、浪人三浦義周の娘で、松平又八郎親春の養女となった家重側室の遊喜《ゆき》（安祥院）である。重好は正室に伏見宮家の娘の田鶴宮貞子を迎えた。家治の治世後半、田沼意次派と松平定信派の政争が起こり、田沼派は本丸年寄の高岳《たかおか》と滝川、定信派は西の丸年寄の大崎と高橋と、それぞれ結んだ。大奥の支持なしでは、表向きで自らの立場を優位にすることはできなかったのである。

5 島津家・天皇家出身の将軍家正室

第三期の一一代家斉《いえなり》（一七七三〜一八四一）は、御三卿一橋家に生まれた。生母は御三卿田安家小姓を勤めた岩本内膳正正利の娘富である。家斉の在位は歴代将軍最長の五〇年に及ぶ。正室は薩摩藩主島津重豪《しげひで》の娘で、近衛前右大臣経熙《つねひろ》の養女となった寔子《ただこ》（広大院《こうだいいん》、茂姫、篤姫）である。この婚姻の前提には、将軍吉宗養女から島津継豊《つぐとよ》の正室となり、安永元年（一七七二）に没した竹姫（浄岸院《じょうがんいん》）の遺言があった。それは、夫継豊の三代後の藩主重豪に女子が生まれたならば徳川将軍家と縁組するようにというものであった。家斉と寔子の婚姻は、この遺言にもとづくものであった。

家斉の側室は四〇人、うち子を生んだのは一七人、子は計五五人であった。子は尾張家や加賀前田家など有力大名の養子・養女となった。前田家は、将軍家から溶姫《ようひめ》を迎えるにあたり、江戸本郷（文京区）の上屋敷に御守殿《ごしゅでん》（住まい）を建築し、赤門を造営した。これが現在の東京大学の赤門である。

一二代家慶《いえよし》（一七九三〜一八五三）は、家斉の二男に生まれた。生母は小姓の押田敏勝の娘で家斉側室の楽である。楽は大奥勤めであったが、家慶を生んだことから年寄の上の格を与えられ、のち内証の方

（身内待遇、家慶兄竹千代の生母万《まん》）と同格になった。家慶の正室は、有栖川宮家の娘の楽宮喬子《さざのみやきょうこ》（浄観院《じょうがんいん》）である。家慶も父家斉には及ばないものの子に恵まれ、男子一三人、女子一六人、計二九人をもうけた。しかし、このうち縁組をするまで成長したのは、将軍になる四男家定のみであった。

　この時期、大奥で権勢をふるったのは、公家の橋本実誠《さねなり》の娘で、楽宮に従って江戸に下った上臈年寄の姉小路《あねのこうじ》である。姉小路については、老中水野忠邦が大奥経費の節減を図ったものの、彼女の反対により失敗したこと、また、老中阿部正弘が姉小路に取り入らなければ何もできないと言った話が伝えられるなど実力者として知られている。

図25　篤姫銅像（鹿児島市）

　一三代家定（一八二四～五八）は、三度縁組をしている。一度目は天保一二年（一八四一）一八歳のとき、相手は前関白鷹司政熙《まさひろ》の末娘有君《ありぎみ》で、関白鷹司政通の養女となり家定に嫁いだ。しかし、嘉永元年（一八四八）疱瘡のため二五歳で亡くなった。二度目は嘉永二年（一八四九）家定二五歳のとき、左大臣一条忠良《ただよし》の娘秀《ひで》子《こ》を迎えたが、翌年亡くなった。家定の側室としては、志賀がいたが、子はいなかった。

　そこで三度目の縁組が計画された。薩摩藩主島津斉《なり》彬《あきら》（一八〇九～五八）の史料によれば、「京都の方は御好ニも在らせられず、広大院様御例めでたく在らせられ候に付き、私方ニ娘御座候はばと申し御様子ニも相伺ひ申し候」と、家定は公家の娘は好みではなく、先の広大院寔子の例もあることから、島津家に適当な女子がいないか幕府から尋ねられた。ここに篤姫（天璋院）の輿入れが決定する。篤姫は、島津分家今和泉の島津忠剛の娘であったが、本家島津家養女となった。ただし幕府には実子として報告したうえで、近衛家養女とし、安政三年（一八五六）家定正室として大奥に入った。家定三三歳、篤姫二一歳であった。しかし、この婚姻については、水戸藩前藩主の徳川斉昭《なりあき》が越前松平慶永《よしなが》にあてた書状で、「東照宮御敵の薩の家来の娘を御台様にして、御腹（家定生母本寿院）初め御旗本の娘共、夫《それ》へおぢぎ致し候」と、かつて徳川家に敵対した薩摩藩の家臣（分家）の娘篤姫に対して、将軍生母や旗本の娘たちが仕えるのは嘆かわしいと、篤姫婚姻に反対している。

一方この時期、将軍後継をめぐって譜代門閥が推す紀州藩主徳川慶福《よしとみ》（のち家茂《いえもち》）と、薩摩、尾張、水戸、越前などが推す一橋慶喜《よしのぶ》が対立していた。篤姫の役割は、将軍家定に働きかけ慶喜を優位に導くことであった。しかし、家定や大奥は慶喜を嫌い、一橋派は敗れ一四代将軍には一三歳の徳川慶福が就任したのである。

当時紀州派の大老井伊直弼は、公武合体策として家茂と、孝明天皇の異母妹和宮の婚姻を進めていた。万延元年（一八六〇）桜田門外の変で直弼が倒れても、老中の久世広周《くぜひろちか》と安藤信正らはこの政策を引き継ぎ、文久二年（一八六二）婚姻が成立した。家茂は温和で実直な性格で、幕臣からも信頼されていた。第一次長州戦争で大坂に出陣したさい、和宮や天璋院との交流を示す書状も残されている。しかし、慶応二年（一八六六）家茂が大坂で二一歳の若さで病死すると、和宮は薙髪《ちはつ》し静寛院宮《せいかんいんのみや》と称した。

一五代慶喜は、天保八年（一八三七）水戸藩主徳川斉昭の七男として、江戸上屋敷に生まれた。生母は有栖川宮家の娘吉子《よしこ》（貞芳院《ていほういん》）、正室は今出川公久《いまでがわきんひさ》の長女で、一条忠香の養女となった美賀子《みかこ》であった。慶応二年（一八六六）慶喜は将軍に就任したが、翌三年大政奉還をし、同四年（明治元年）鳥羽伏見の戦いで薩摩・長州を中心とする新政府から「朝敵」とされると、戦線を離脱し江戸上野の寛永寺（文京区）で恭順の意を表した。

慶応四年（明治元年）、江戸開城のさい、篤姫と和宮を中心とする大奥は、徳川家中の動揺や武力蜂起を防ぐための「内政」と、新政府軍に江戸城攻撃を中止し、徳川家の存続を願う「外交」を展開した。

徳川将軍家をめぐる女性たちは、大奥での日常生活・文化を基礎に、政治社会ともかかわっていた。将軍就任や権力抗争など、さまざまな場面で女性たちは「内政」と「外交」を展開した。江戸時代の政治は、すべて男性が行っていたのではなく、大奥の政治力が複雑に関わっていたのである。

6

天璋院篤姫の婚礼

篤姫と家定

篤姫（天璋院）と十二代将軍家慶《いえよし》の世子家祥《いえさち》（のち十三代家定）との縁組の準備は、幕府老中阿部正弘の主導で進められた。途中嘉永六年（一八五三）六月三日にペリーが浦賀沖（神奈川県）に来航し、六月二十二日に将軍家慶が六十一歳で没したことなどにより準備は一時中断した。しかし、阿部の意欲は強く、同年八月頃縁組は本格化した（鹿児島県維新史料編さん所編『鹿児島県史料・斉彬公史料』第一巻）。十一月二十三日には家祥の将軍宣下が行われ家定と改名した。篤姫は将軍家定に嫁ぐことになったのである。

しかし、安政二年（一八五五）十月二日江戸に大地震（安政大地震）が起こり、準備は再度中断された。この地震により薩摩藩三田屋敷（東京都港区）も被害を受け、篤姫らは藩の渋谷屋敷（渋谷区）に移っている。

越前福井藩主松平慶永《よしなが》（春嶽）の家臣中根師質《もろかた》（雪江《ゆきえ》）の記録『昨夢紀事《さくむきじ》』などによれば、篤姫の縁組は、水戸藩の前藩主徳川斉昭が反対していた。斉昭は、同三年三月二日付慶永宛の書状において、島津本家の親戚（今和泉島津家）の娘では不安であったが、近衛家の養女とすることになり安堵したと述べている（『昨夢紀事』第二）。それでも、九月二十一日付書状では、かつて徳川家康の敵であった薩摩藩の家臣（今和泉島津家）の娘に、大奥で旗本の娘たちが従うことを問題視し、この調子では、徳川家以外から将軍になる者が出ても、徳川家は何も言わないのではないかと嘆いている（『昨夢紀事』第二）。

これら、さまざまな障碍を乗り越え、篤姫の婚礼は正式に決まった。安政三年七月七日には諱《いみな》（実名）が一子から敬子《すみこ》、君号が篤君《あつぎみ》と変っている。

十一月十一日篤姫は江戸城に入るが、「篤姫様今朝五時御供揃ニて、御広敷御玄喚より御立御出門被遊候……御玄喚庭より公儀より御迎ニ被参候御役々御供ニて候」と、朝八時頃に渋谷屋敷の広敷玄関から出発した。玄関先の庭には幕府役人が迎えに来た。養父島津斉彬《なりあきら》は、「上様御見送之義……御乗輿《じょうよ》被遊候」と、篤姫が輿に乗る所で見送っている（『鹿児島県史料・斉彬公史料』第四巻）。この日、篤姫は江戸城大奥の広敷に入ったのである。

同十五日には篤姫の披露目の儀式があり、「篤君御方姫様と可奉称候」（『続徳川実紀』第三篇）と、姫様と呼ばれるようになった。同日婚礼にむけて「篤君御方、近衛殿御養女ニ被仰出」と、正式に近衛忠煕の養女となり、十二月十一日に結納が交わされ、十八日に婚礼の儀式が行われ、「是ヨリ御台様《みだいさま》ト称シ奉ル」（「天璋院様御履歴」『静嶽公御年譜別記全』所収、財団法人徳川記念財団所蔵）と、御台様と呼ばれるようになった。篤姫二十一歳、家定三十三歳であった。

将軍継嗣問題

先述のように、当時政界は、将軍家定が虚弱で跡継ぎがいなかったこともあり、次期将軍をめぐって二派が対立していた。一派は、家定の従兄弟の御三家紀州藩主徳川慶福（十三歳、のち十四代家茂）を支持する譜代大名、大奥、将軍側近らの紀州派であり、その中心は彦根藩主井伊直弼であった。いま一派は英明の声が高い御三卿一橋家の慶喜（二十二歳、徳川斉昭の実子、のち十五代将軍）を支持する松平慶永、島津斉彬、伊予宇和島藩主伊達宗城《むねなり》ら家門や外様らの一橋派であった。老中阿部や川路聖謨《かわじとしあきら》、岩瀬忠震《いわせただなり》ら開明的な幕臣もこれに加わった。一橋派は、譜代中心の幕政運営を改め、自分たちの政権参加を目指した。篤姫は一橋派の期待のもとに江戸城に入ったのである。

旧一橋慶喜家臣の渋沢栄一によれば、安政四年末に島津斉彬は、篤姫が入輿《じゅよ》したからには世継ぎの誕生を期待するのは当然であるが、今日の社会状況を見ると、一日も早く慶喜を将軍にするのが望ましいと述べている（『徳川慶喜公伝』1）。同年十二月九日、斉彬の命を受けて大奥の周旋に動いていた西郷吉兵衛（隆盛）も中根雪江に対して、「西城の御事ハ予《かね》てより御台様へも仰含め置れたる事も侍り」（『昨夢紀事』第二）と、将軍後継（「西城」）については、すでに斉彬が篤姫に言い含めていると記している。

その後、安政四年六月十七日に老中阿部が病死したのち、一橋派の堀田正睦《まさよし》が老中首座となった。しかし、翌五年四月二十三日に井伊が大老となると、同六月二十三日に堀田は罷免され、六月二十五日に次期将軍候補として紀州慶福が江戸城西の丸に入るなど、紀州派が優勢になった。

この時期、篤姫は安政五年と見られる書状において、将軍家定は一橋慶喜を次期将軍にすることは、「トフモ思召ニハ叶ハセラレス」と気にいらない様子であり、老中堀田が慶喜を推す斉彬の書状を見せたところ、「以之外御立腹様ニテ、薩摩守迄カノ様ニ同意ニ相成書取差上候御事、甚以相済不申」と、斉彬が一橋派に加担していることを激怒したと記している。さらに篤姫は、

一印（一橋）之御事ハ先年モ左様ノ御評議モ被為在様ニモ奉伺候御事御座候ヘトモ、トカク奥向モ一統帰服イタシ不申、誠ニ御ムツカシク被為在御事ニ付、トテモ仰上ラレ候テモイカ、可被為在候哉、猶是迄モ随分右様ノ御事大名衆ヨリ手筋ヲ以テ、奥向ヘ願出ラレ候事も御座候ヘトモ、夫ハ一切御取上相成不申為御事故、思召様ノ所ハ深ク仰上候ヘトモ、先キ先キ薩州ヘモ此御事ハ能々御断仰被進候（『鹿児島県史料・斉彬公史料』第三巻）

と、一橋慶喜を将軍に推す意見は以前からあったが、大奥は皆反対で、とても夫家定に話せる状況ではない。これまでも大名たちが何度も提案したが、全く取り上げられなかった。私も斉彬の意見を将軍に伝えるが、これも断られるであろうと予想している。篤姫は、この頃慶喜擁立を断念したと思われる。

渋沢栄一も、「此時家定公の生母本寿院を始め、奥向に勢力を張れる婦女等は皆烈公《れっこう》（徳川斉昭）を忌《い》むこと甚しければ、公の西丸（世継）に入るを喜ばざるは疑ふ所なし。且大奥の内部にも情実蟠り、薩

摩守（斉彬）の内旨を承けたりといふ天璋院夫人も、手を措く所なき有様なりしは、却て南紀党が奇貨置くべしとなせる所と伝へらる」と、大奥に篤姫の与党はなく、逆に紀州派に利用される存在になったと記している。また、元大奥女中も「天璋院様が、紀州をよいとしていた」（旧東京帝国大学史談会編『旧事諮問録』）と、篤姫が紀州慶福を支持したと述べ、勝海舟も「天璋院はしまひまで、慶喜が嫌ひさ」（『勝海舟全集20・海舟語録』）と、篤姫が一橋慶喜を嫌っていたことを述べている。

篤姫は、一橋派の養父島津斉彬の命で大奥に入ったものの動きがとれず、慶喜との間もうまくいかなかった。結局、斉彬の意向とは異なり、紀州派支持へと傾いていったのである。

7 天璋院篤姫と大奥

将軍家定と大奥

渋沢栄一によれば、篤姫の夫家定は、わがままを言う性格ではなかったが、幼少時に重い疱瘡にかかり、顔に痘痕が残り、病身であった。癇《しゃく》病のため、目や口が時々痙攣《けいれん》し首も動いた。言語も不明瞭であった。諸人に会うのを避け、正室（有姫、寿明姫、篤姫）との会話もなく、鬱《うつ》病が重かった。大奥はこのことを秘していたが、家定の様子を見た大名や旗本らは暗愚の将軍と心配したという。

ただし、側近の一人によれば、諸大名総出仕の朝、家定の癪が激しく髭《ひげ》を剃れなかった。刻限が迫ったため、小姓の一人が顔を押さえて家定の髭を剃り結髪《けっぱつ》した。総出仕の儀式が終わったのち、小姓が家定に失礼の段を詫び進退を伺ったところ、逆によくやったと褒められたという。また、隅田川に出かけたさい、小姓の一人が、この川の水もアメリカの大洋の水に通じている、昨今の状況に油断なきようと述べたところ、その方が言う通りと納得したという。渋沢は、もし家定が寛文年間（一六六一〜七三）から天明年間（一七八一～八九）の「平和」時に将軍になるか、嘉永・安政年間（一八四八～六〇）でも外様か譜代の大名家に生まれたなら、暗君の評価は受けず、思慮分別のある藩主と言われたに違いない、国家多事の時期に将軍家に生まれたことは、「かへすがえすも不幸の将軍なり」と記している（『徳川慶喜公伝』1）。

当時、大奥の将軍家定付きの女中は一八五名いた。上臈年寄の万里小路《までのこうじ》、歌橋《うたはし》、飛鳥井《あすかい》、年寄の滝山《たきやま》などの名前が確認される。御台所付き（ただし有姫、寿明姫、篤姫の誰かは不明）の女中は六〇名、内訳は、上臈年寄一、小上臈一、年寄二、中年寄三、中臈七、小姓二、表使二、右筆三、御次格御前詰一、御次六、呉服之間五、御三之間五、末頭一、仲居・仲居格御茶之間五、御茶之間一、使番二、御半下一三であった（松尾美恵子「江戸幕府女中分限帳について」『学習院女子短期大学紀要』第三〇号）。

篤姫付きの女中としては、老女の常盤井《ときわい》、千街、初瀬《はつせ》、つぼね、表使の福田、川岡などの名前が確認される（『続徳川実紀』第三篇）。

通商条約の締結

安政五年六月十九日、大老井伊は反対を押し切って、勅許を得ないまま日米修好通商条約を締結した。六日後の二十五日には紀州慶福の将軍継嗣を公表した。この後一ヶ月以内に、オランダ、ロシア、イギリスと修好通商条約を結び、九月三日にはフランスと結んでいる（安政五ヶ国条約）。一橋派の徳川斉昭らは無勅許調印を批判し、登城日でない日に江戸城に登城し井伊を詰問した。しかし、逆に彼らは隠居・謹慎などの処分を受け、一橋派はいっそう不利になった。

この間七月六日、将軍家定が病没した（三十五歳、公表は八月八日、諡号《しごう》は温恭院《おんきょういん》）。篤姫の結婚生活は、わずか一年半余りで終ったのである。同日慶福は家茂と改名して将軍となった。七月一六日には島津斉彬が亡くなった（五十歳）。篤姫はわずか十日のうちに夫と養父を失ったのである。八月二九日篤姫は落飾して「御台様御事、天璋院様与奉称候」（『続徳川実紀』第三篇）と、天璋院と称することとなり、一二月二日、「今度天璋院様従三位勅許被為在候」（同）と、朝廷から従三位を与えられた。

安政の大獄

一橋派は、朝廷に働きかけて形勢逆転をねらった。朝廷にも孝明天皇をはじめ、外国との通商を嫌う者が多くいた。家定薨去《こうきょ》を公表した安政五年八月八日、孝明天皇は安政五ヶ国条約を批判し、幕政改革を求める勅諚を水戸藩に出した（戊午《ぼご》の密勅）。九月に朝廷内親幕派の関白九条尚忠が辞表を呈すると、大老井伊は危機感を強め、尊王攘夷を標榜し幕府批判を強める人々の大規模弾圧を開始した（安政の大獄）。若狭小浜藩士の梅田雲浜《うんぴん》をはじめ、尊攘派の志士・藩士・公家らが次々と逮捕・処罰された。安政六年二月から四月には、反幕派公家の左大臣近衛《このえ》忠熙《ただひろ》、右大臣鷹司《たかつかさ》輔熙《すけひろ》が辞任し、前関白鷹司政通《まさみち》、前内大臣三条実万《さねつむ》とともに出家・謹慎を命じられた。同八月には徳川斉昭が蟄居、一橋慶喜が隠居・謹慎、岩瀬・永井ら開明派幕臣が免職・永蟄居となった。同八月から一〇月には、水戸藩家老安島帯刀《あじまたてわき》が切腹、福井藩士橋本左内、儒学者頼三樹三郎《らいみきさぶろう》、長州藩士吉田松陰《しょういん》らが死罪となった。この弾圧で連座した者は百人余に及んだ。

当時、西郷吉之助（隆盛）は、島津斉彬の命を受け、福井藩士橋本左内らとともに慶喜の将軍擁立に向けて京都で活動していたが、幕府の手が迫ったため、薩摩藩に戻り奄美大島（鹿児島県）に逃れた（『島津久光公実紀』一）。しかし、安政の大獄は尊攘激派の猛反発を買い、万延元年（一八六〇）三月三日、尊攘激派の水戸浪士一七名と薩摩藩士有村次左衛門が、彦根藩邸から登城中の井伊の行列を江戸城桜田門で襲い殺害した（桜田門外の変）。この事件により井伊の専制政治は終わり、以後、尊攘運動は高揚していった。

ポスト井伊の幕政を主導する老中安藤信正は、尊攘運動に対抗し、朝廷権威を利用して幕権を強化しつつ、雄藩の政治参加を認める公武合体運動を推進した。一四代将軍家茂と孝明天皇の妹和宮との婚姻は、その象徴であったが、この計画は尊攘派を刺激し、文久二年（一八六二）正月一五日、安藤は江戸城坂下門外で襲撃され負傷した（坂下門外の変）。しかし二月一一日、家茂と和宮の婚儀は成立し、公武合体運動はピークを迎えたのである。

天璋院と和宮

和宮の入輿にあたり、和宮の周辺では「御所風《ごしょふう》」を守り、側近に朝廷の女官を置くなどの条件を示し、幕府の了解を得た（高柳金芳『江戸城大奥の生活』）。

元大奥女中の回顧談によれば、「口さがない部屋方などが悪口を申しましたのが響きまして、天璋院様との間がよろしくございませんでしたので、天璋院様は二の丸に引移られましたから、嫁が来て姑を出すのは奇体《きたい》だなどと申しました」（『旧事諮問録』）と、天璋院と和宮の間はよくなかった。天璋院が規律を重んずるのに対し、和宮は磊落《らいらく》で、その生まれから、ふるまいや威光は和宮が勝ったという（永島今四郎、太田贇雄編『定本 江戸城大奥』）。勝海舟によれば、和宮が江戸城入城のさい、土産の包み紙に「天璋院へ」と敬称を付さなかったことを天璋院付きの女中らが怒り、和宮付きの女中らと張り合うようになったともいう（『海舟語録』）。

さらに渋沢によれば、「幕府の大奥にては、初より宮の降嫁を懌ばず、万事御所風たるべき事は、其最も嫌ふ所なれば……天璋院夫人の如きも、宮に対面の際頗《すこぶ》る礼を失し、唯普通の親子同様に扱ひたれば、宮は無念の涙にくれ給へりなどいふこと、京都に聞えしかば、天皇はいたく逆鱗《げきりん》ましまし」（『徳川慶喜公伝』1）と、天璋院側も礼を失し、両者の対立は、政治問題に発展する可能性すらもっていた。

さて、勝によれば、天璋院、和宮、家茂の三者が、浜御殿（浜離宮、中央区）に出かけたさい、踏み石の上に天璋院と和宮の草履《ぞうり》があり、家茂の草履は下にあった。天璋院は先に下りたが、和宮はポンと飛びおり、自分の草履を除き将軍の草履を上げてお辞儀をした。家茂を立てたこの一件のち、女中と女官たちの争いは静まったという（『海舟語録』）。この記事がどこまで事実かは不明であるが、対立は徐々におさまっていったようである。

安政六年一〇月一七日、江戸城本丸が炎上し天璋院らは西の丸に避難し、万延元年（一八六〇）一一月九日に修復後の本丸へ戻った（「天璋院様御履歴」）。元治元年（一八六四）の家定七回忌には、天璋院は故人をしのんで寄せられた和歌を「七回忌御手向」として編纂した（財団法人徳川記念財団編『徳川家茂とその時代―若き将軍の生涯―』）。

さて、十四代家茂は、文久三年（一八六三）三月〜六月、元治元年（一八六四）正月〜五月、慶応元年（一八六五）五月〜翌二年七月、と二年間に三度上京した。第一回上洛中、和宮と家茂は互いに書状を交わし贈り物などを送った。また天璋院は家茂の滞京が長引くことを心配し、「跡さき御かんかへニ而、うかつに何事も御さた無《なき》やうに」と、若い将軍の軽挙を戒める書状を記している（『徳川家茂とその時代―若き将軍の生涯―』前掲書）。

この時期、江戸城は防火体制が弱体化したのか、さらに火災に見舞われた。文久三年六月三日西の丸が炎上した。一一月十五日には本丸と二の丸が炎上し、天璋院と将軍家茂、和宮、本寿院らは吹上《ふきあげ》に逃れ、一七日には御三卿清水邸の仮御殿に入った。二六日には家茂と和宮が田安邸の仮御殿に移り、元治元年の第二回上京のさい、家茂は田安邸から出発している。五月二〇日家茂が京都から戻り田安邸に入った。のち西の丸が修復され、七月一日家茂と和宮は西の丸に移った。天璋院と本寿院は、清水邸のままであったが、慶応元年四月二九日に二の丸普請が終了、同二九日天璋院、五月三日本寿院は、それぞれ二の丸に移った。幕末期、江戸城が相次ぐ火災で、不穏な落ち着かない様子がうかがえる。家茂は、第三回上京のさいの第二次長州戦争のさなか、慶応二年七月二〇日大坂城において二十一歳で病没した。和宮との結婚生活はわずか四年であった。一二月九日王政復古とともに和宮は落飾し、朝廷から静寛院の院号を与えられた。翌三年一二月二三日再び二の丸が炎上し、天璋院は西の丸に移った（「天璋院様御履歴」）。天璋院はこの西の丸で幕府の瓦解を体験したのである。

8 大奥アーカイブズの追究

江戸時代、大奥には独自の文書システムがあった。大河ドラマ『篤姫』の時代考証を担当したさい、この歴史的所産である大奥アーカイブズを、さまざまな場面で使用した。以下、大奥アーカイブズの一端を示す大河ドラマ関連の展覧会図録（『薩摩の篤姫から御台所・天璋院』鹿児島県歴史資料センター黎明館発行、一九九五年、『特別展・多摩の女性の武家奉公』江戸東京たてもの園編集・発行、一九九九年、『徳川家茂とその時代―若き将軍の生涯―』徳川記念財団編集・発行、二〇〇七年、『特別展・幕末ニッポン―ハリスと黄昏の大君の都―』たばこと塩の博物館、二〇〇七年、『家康・吉宗・家達―転換期の徳川家―』徳川記念財団編集・発行、二〇〇八年、『天璋院篤姫』ＮＨＫプロモーション発行、二〇〇八年など）をもとに見ていくことにしたい。

大奥アーカイブズは、その成立から、①「大奥」で作成され「江戸城」に残された文書、②「大奥」で作成され「江戸城外」に残された文書、③「大奥外」で作成され、残された文書、に大別される。

まず、①「大奥」で作成され「江戸城」に残された文書について、大奥には「御祐筆《ごゆうひつ》」という役職があり、「日記、諸向への達書、諸家へ遣はさる、御文《おふみ》等を司《つかさ》どる」と、日記や触・達、書状などの管理を担当していた。「記録紙、名乗紙、奉書、杉原紙《すいばらがみ》を用ふ」と使用する紙を定め、「文の認《したた》め様に規則あり」と、文書作成上のきまり（文例）もあった（永島今四郎他編『定本江戸城大奥』）。祐筆任命にあたっては、御三の間以上の者は年寄から、より下の者は役頭から、それぞれ宛行書《あてがい》（任命状）と名前（名乗紙）が与えられた（三田村鳶魚『御殿女中』）。いわば、大奥所属の女性書記官である。

先にも述べたが、享保元年（一七一六）一一月二八日、吉宗は奥向法度条目を発布した。ここには、「後閤（大奥）の事は、老女の書もて、表使より毎年当直の番の頭へ申て、その事をと丶のふべし」（『徳川実紀』第八篇）と、老女が書付を作成し、諸事を運営していたことが記されている。また、享保六年の大奥法度には、「宿下りの時、親族出会の事も是に同じかるべし。各老女査検し、簿書にしるしをくべし」（同）と、大奥女中が宿下がりや大奥での親類面会について、帳簿に記録していたことが記されている。これらの日記や記録は現在不明であるが、大奥関係者の行動が記録化されていたことがわかる。

徳川宗家文書には、文久三年（一八六三）四月下旬から五月頃と六月頃とされる一四代将軍徳川家茂宛の二通の天璋院書状、文久四年（元治元年）二月九日付の徳川家茂宛の和宮書状、同年二月和宮宛の徳川家茂書状、元治元年（一八六四）四月五日の徳川家茂宛の和宮書状、の計五点の史料が存在し、公開された。

また、独立行政法人国立公文書館には、大奥関係文書として、大奥進物・取次関係、大奥普請・作事関係、人事異動関係、役職就任のさいの起請文、諸儀式関係、火災関係、物品購入、薪炭畳関係などの史料がある。特に「御婚礼御用御勘定仕上目録」「御婚礼御用留」は、篤姫の婚礼のさい作成された史料で、大河ドラマ『篤姫』の婚礼シーン関係において考証資料として利用した。

さらに、人事関係の史料では、たとえば上臈年寄就任のさいの誓詞は、老中の前で右筆が読み上げている。また、部屋子が女中奉公に出世するさいは、吟味（面会）のさいに小奉書を作成し、部屋子と親（女中）の名前を記し、身元調べが行われ、部屋子宛の沙汰書が親の元に文箱《ふばこ》に入れられて送られる。召状が来ると、親付添いで御広敷にのぼり、年寄から宛行書、名前、役向きが伝えられた。上級女中は、ゴサイと呼ばれる男性を抱えた。幕末期、年寄は三人、中臈は一人、滝山は三人のゴサイを抱えた。ゴサイは御門札を腰につけ大奥を出入したが、門札を発行したのも大奥だった。部屋子の出入のさいは、使番が切手書を提出し、留守居の黒印を受け、切手箱に入れて切手門に置き外出した。また、天璋院付きの中臈大岡ませ子の場合、初春（正月）の祝膳のさい、「坐右の御祝い帳と題する古い帳面を示された」と、儀礼に関する保存記録があったことを記している（三田村鳶魚『御殿女中』）。

②「大奥」で作成され「江戸城外」に残された文書については、現在大奥からの書状が各地に残されている。享保六年四月の女中条目によれば、「後閣書通の事は、祖父母、父母、兄弟、姉妹、叔父叔母、甥姪、子孫にかぎるべし。されど其他に文をくらではかなひがたきゆへあらば、其よし老女に告て、指揮にまかすべし」（『徳川実紀』第八篇）と、女房が書状を書くのは、親族に限られていたが、やむを得ずその他の者に出す場合は、老女の許可を得ることになっていた。

たとえば、東京大学史料編纂所には江戸薩摩藩邸奥女中の小の島と花川宛の幾島書状などがあり、京都の陽明文庫には、安政五年の近衛忠煕宛の篤姫書状、同年二月近衛家宛の篤姫書状、同年八月九日の近衛家老女村岡宛のつぼね（大奥老女幾島）書状などがある。

鹿児島の尚古集成館《しょうこしゅうせいかん》には、安政四年正月の島津斉彬宛の篤姫書状などがある。青梅市、日の出町、八王子市など多摩地域には、江戸城大奥に奉公にあがった女中たちからの書状が残されている。

埼玉県立文書館の稲生家文書には、同家が大奥を管轄する留守居を勤めていたことから、大奥女中のリストや勤務マニュアル「留守居勤方手控」などの文書がある。また、文京区ふるさと歴史館の田沼家文書には、同家が大奥広敷向の役職を勤めていたことから、広敷役人リストや諸御用に関する文書がある。大奥役職者の旗本家に伝わる大奥アーカイブズといえる。

これらさまざまな文書のうち、江戸開城期の文書について見ると、前述のように、慶応四年（明治元年、一八六八）鳥羽伏見の戦いで敗れた徳川家は、前述のように、江戸城大奥を拠点として、官軍に徳川家存続を願う「内政」と「外交」を展開した。

その後、江戸開城後の七月九日付の天璋院の上野寛永寺輪王寺宮公現法親王《りんのうじのみやこうげんほうしんのう》宛の書状（伊達家文書）には、注目すべき内容が記されている。輪王寺宮は、上野戦争で彰義隊が敗れると東北へ逃れた。東北には、反新政府勢力として会津藩と仙台藩を中心に奥羽越列藩同盟が結成されていた。天璋院は徳川家再興のために、この同盟を頼ったのである。書状には、「徳川家の義ハ高七拾万石被下候へとも、此末の処是以如何成行可申やも難計、夫れニ付ても北国筋諸侯の儀者実に忠義之程頼母敷《たのもしく》感し入候事ニ御座候……尤会津・仙台ハ格別忠義之趣ハ承り居候まゝ、右両家へ頼の書取差遣度別紙弐通持せ遣し候」と、七〇万石に減らされた徳川家の行く末を案じ、奥羽越列藩の忠義に感激し、とくに会津・仙台両藩を頼みに思うと記している。天璋院の徳川家存続を願う気持は、列藩同盟を鼓舞するまでになっていたのである。この書状から見られる天璋院の性格は、かなり激しいものである。大河ドラマでは描かれなかったが、この書状は、大奥アーカイブズの文書として、重要な史実を伝えている。

③大奥外で作成された文書は、たとえば、江戸城関係文書を編纂した『東京市史稿・皇城篇』（東京市役所）、また、幕府や江戸城の儀式・儀礼をまとめた『徳川礼典録』（尾張徳川黎明会、一九四二年）、「幕儀参考稿本」（『松平春嶽全集1・明治百年史叢書』原書房、一九七三年）、さらに松平春嶽がまとめた旧幕府人名録『柳営補任』や『古事類苑』官位部など所収の文書などがある。その他、和宮付き女房の庭田嗣子《にわたつぐこ》著「和宮御側日記」、「昭徳院御凶事留」や「上御門藤子筆記」（以上、いずれも『静寛院宮御日記』所収）などの日記や記録がある。

大奥女中からの聞き取りもある。太田杏村『千代田の大奥』、三田村鳶魚《えんぎょ》『御殿女中』（青蛙房、一九六四年）、旧東京帝国大学史談会『旧事諮問録』（青蛙房、一九六四年）、永島今四郎他編『定本江戸城大奥』（新人物往来社、一九九五年）などである。これらは、記憶違いや誤りなども見られるが、大奥で働いた者たちのインタビューであり、細部にわたるリアルな発言として貴重である。

今後、以上三種類の大奥アーカイブズをさらに発掘するとともに、それらを積極的に利用することにより、大奥の実態がより明確になることが期待される。

おわりに　江戸の権力構造——分散と下降と——

最後に、「江戸時代の権力構造」の特徴を、来日外国人の記録をもとに見ていきたい。

まず、天皇の位置について、一七一九年に通信使に付き添って来日した朝鮮人の申維翰《シンユハン》は、「形代《かたしろ》の如くに居し、号令が王城から出ることはなくなった」（『海遊録《かいゆうろく》』）と、江戸時代の天皇が、人形のようになり命令を出さなくなったと記している。また、イザーク・ティチングは、「現在における内裏《だいり》の影響力は無に等しく、したがって主権は、実際には将軍家に委ねられている」（『日本風俗図誌』）と、天皇の影響力はないと記している。ローレンス・オリファントも、「ミカドは日本の精神的な皇帝」「実際には単なる傀儡《かいらい》」と評価し、一八七四年に来日したメキシコ人の天体観測員フランシスコ・ディアス・コバルビアスは、「名目上の象徴的存在」（『ディアス・コバルビアス日本旅行記』）と記している。以上、外国人たちは、江戸時代の権力構造のなかで、天皇は実権がなく形式的・宗教的存在にすぎないと認識している。

では、天皇から実権を委ねられた将軍は、いかなる存在であったか。一七七五年に来日したスウェーデンの植物学者ツュンベリーは、「将軍は単独では国の手綱を手中に収められず、老中六人と一緒に統治に当たっている」(『江戸参府随行記』)と、将軍権力の限界性を指摘している。一八二〇年に来日したオランダ人の商館員ファン・オーフルメール・フィッセルは、「将軍は、主権者であり独裁君主と見なされてはいるか、その権力は名前に付随しているだけであり、実際の行動によるものではない」(『日本風俗備考』1)と、実権がないことを記している。さらに、一八五三年に来日したプチャーチンの秘書官でロシア人のイワン・アレクサンドロヴィチ・ゴンチャローフは、「日本人は優れた国内体制を築き上げている。つまり、老中は将軍なしでは何もできないし、将軍も老中なしでは何事も行い得ない。そして将軍も老中も諸侯に謀らなければならない。彼らは今までこういう組織を保守してきた」(「ゴンチャローフ日本渡航記」)と、将軍権力が限定されることを記している。

一八五五年に来日したドイツ人のリュードルフは、「統治権は、江戸に居を構えている将軍の掌中にある。とは言っても、彼は決して専制君主ではなく、察するに評議会を側近にもっており、法律に従っている……法は比類のないほど細分化されており、例のないほど一部の隙もない。皇帝も、取るに足らぬ日傭人足も、誰でも法の支配に服している」(『グレタ号日本通商記』)と、将軍権力が法や幕閣などによって制限されていると記し、オランダ海軍軍人のカッテンディーケも、「統治は江戸の国務会議によって行なわれ、有力なる諸侯がその会議に列していた。その会議の議長、すなわち大老は将軍自身よりも大きな権力をふるっていた」(『長崎海軍伝習所の日々』)と、将軍権力は大老以下の官僚により制約されていると記している。

一八六〇年に来日したドイツ大使随員のペルグは、「封建諸侯の勝手きままな意志は厳格で専制的ではあったが、今や秩序ありかつ協調的な統治にとって代わられた。全能なる将軍自身の権力も、事情によっては制限されたものになった。なぜならそれは、完全に合法的なものではなく、また大昔からあるミカドの座も決して除去できなかったからである……それはミカド自身の力によってではなく、反乱を起しそうな大名の中心的存在となり、あるいは人民の信望を常に集めるからなのである。今日でも、将軍は絶対的君主であるとしても、国の最高位の人物であると認める日本人はいない。だから将軍は、有力諸侯を抑えるためには、人民の好意と世論の同意とを必要とする。それは、賢明にして公正な、また国家の必要に適合した統治によってはじめて得られるのである」（『オイレンブルク日本遠征記』）と、将軍権力は絶対的ではなく、大名を抑えるためには、天皇の存在や国民の合意・同意が必要と述べている。以上、外国人たちは、将軍も政治の実権を持っていないと認識していたのである。

では、老中・若年寄・奉行ら幕府の閣僚たちはどうか。一八六二年に来日したイギリス公使のアーネスト・サトウは、「閣老連中は単に名目上の行政長官であるに過ぎず、閣老自身の意思というものは全然なく、その意思は自分の家来である世襲の家老によって指導され、その家老自身もまた、他の誰かによって糸をあやつられた。そこで、実際の権力は旗本及びそれ以下の徳川直参の家臣の中から選ばれた各部の長官、すなわち奉行の手に落ちたのである」（『一外交官の見た明治維新』）と、閣老やこれを支える家老たちも、実は権力はなく、実権はそのもとの旗本などの官僚が握っていると記している。

これら官僚が安定的に幕政を主導するのは、いつ頃からか。私は、八代将軍吉宗により官僚体制が整備された享保改革以後と考えている。吉宗のリーダーシップは、三〇年に及ぶ享保改革において見られるところであるが、以後将軍が強力なリーダーシップを取ることはなかった。たとえば、江戸後期の一三代将軍家定が、もし実権を握っていたら、一四代将軍をめぐる紀州派と一橋派の争いは起きなかった。一五代将軍を決めるさいも、後継として慶喜と田安亀之助の候補がいた。本書で見たように、吉宗自身、御三家で優位にいた尾張家を追い抜いての将軍就任であった。

要するに、江戸後期においては、幕府官僚が実質的に幕政を主導していたのである。従来、将軍の資質や個性から幕政の特徴を説明する傾向があったが、幕府の権力構造から改めて考察する必要がある。

同様のことは、諸藩についても言える。外国人たちの記録によれば、大名権力もまた形骸化し、藩政は家臣である藩官僚が主導した。先のフィッセルは、「藩主たちの支配は、将軍の支配ならびにその他あらゆる国事を遂行するのと同じやり方で行なわれている……また顧問や秘書官たちの手で、暫定的に処理されてしまったことに対する承認が求められるにすぎないからである……藩主たちは、その領国を、正確に言えば、ただその名目においてのみ統治しているのである」(『日本風俗備考』)と、藩主は実権がなく、家老以下の藩官僚が藩政を運営していたと記している。

イギリス海軍軍医将校として来日したフレデリック・ヴィクター・ディキンズは、「大名それ自身も、天皇や将軍と同じく、世間から遠く離れ、無気力な生活を送り、個人的な権力はあってても少ししかないのがふつうであった。大名の領地は家老によって治められたが、家老それ自身もずっと下級の役人たちに操られる世襲的な人形にすぎない場合が多かった……大多数の藩主は家老にあやつられる傀儡《かいらい》にすぎず、またその家老たちも、下級武士の党派にあやつられている場合が多かった……大名というものは名目上の存在に過ぎず、実権は家老の手中にあった。家老の多くは世襲制で、主君と同じく、ほとんど無力であった」（『パークス伝』）と、藩主は傀儡であり、実際に藩政や家政を運営したのは、藩官僚であったと記している。そして、これら藩の官僚制を支えたのが、諸藩の藩法と公文書であった。

江戸時代は、法により将軍や藩主、そして領民も縛られた。特に、身分が高い武士に対しては、切腹や斬首など厳しい罰則があった。なぜ、このように上位権力がより厳しく制約される権力構造が成立・発展したのか。前出のフィッセルによれば、「将軍はその国家について知らないばかりか、その臣下についても何も知らないのである……このことの真の目的は、しかしながら、将軍がその権力とその威厳を悪用することを阻止することにあるのであり、そして間違った特権があてがわれることを阻止することにあるのである。すなわち一般的に言って、国土の繁栄がある特定の一主権者の恣意に委ねられないよう、注意を払うことにあるのである。領主または君主は、領国または国土を支配しているが、さりとてその領国や国土をほとんどまたはまったく見たことがないのである」（『日本風俗備考』）と、将軍や藩主の独裁化、専制化、恣意化を防ぐためと記している。

フィッセルはまた、「専制主義はこの国では、ただ名目だけあって実際には存在しないのである。日本人は誰でも厳重な法律に縛られており、またその法律をよく承知しているが、また自分のなしうる限度というものを心得ている。いかなる人も、その地位や階級が高いからといって、横暴な振舞いをしてそのために部下の者が陰謀を企てたりするような傾向に追い込むことは絶対に許されない……日本ではどんな人でも法の上に立つということはできない……そこでは法律が、しかもただ法律だけが支配している。そこでは各人が法の前に完全に平等である」「上級者と下級者との間の関係は丁寧で温和であり、それを見れば、一般に満足と信頼が行きわたっていることを知ることができよう」（『日本風俗備考』）と、徹底した法治主義と法のもとでの平等、その結果としての温和な社会を記している。

同様にツンベルグも、「法の前にはすべての日本人は対等にして、法は強者に抗して寧ろ弱者を保護す」（『欧米人の日本観』）、「身分の高低を問わず、法律によって自由と権利は守られており、しかもその法律の異常なまでの厳しさとその正しい履行は、各人を自分にふさわしい領域に留めている」（『江戸参府随行記』）と、徹底した法治主義を評価している。

そして、こうした官僚主義、法治主義を支えたのが、公文書であった。

以上のように、江戸時代において、絶対的権力、専制権力は存在せず、権力の分散と下降という構造上の特質が指摘できるのである。現代日本社会において指摘される、リーダーシップの欠如、集団主義、横並び、さらには責任の所在の不明確さなどの淵源をここに見ることができるのである。

しかし、この特質は弱点ばかりではない。国家・社会の運営論理・方法として、正義・不正義、勝ち負けといった「競争・対立」の論理と、合意、了解、和解といった「両立・共存」の論理とがある。「競争・対立」の論理はときに力の論理を生み出し、多くの犠牲と憎悪を招くことがある。しかし、「両立・共存」の論理は、それぞれの長所・主張を認め取り込むことから、敗者、除外者の発生を防ぎ、より広い合意を得る機会ともなる。

戦争という究極の対立の論理を克服して成立した江戸時代社会の慣行には、多くこの「両立・共存」の知恵とシステムが存在した。武力を用いる解決を避け、法による解決へと転換し、さらにそのもとで「両立・共存」の論理が成長した江戸時代のシステムは、今後の日本、世界の問題解決への新たな手がかりになるといえるのである。私たちは従来の江戸イメージから解放され、より近代的・文明的な初期近代（アーリーモダン）の江戸イメージを認識する必要があるのである。

参考文献

本書に関係する自著

大石学『吉宗と享保の改革』（東京堂出版、一九九五年）
大石学編『多磨と江戸―鷹場・新田・街道・上水―』（たましん地域文化財団、二〇〇〇年）
大石学『徳川吉宗・国家再建に挑んだ将軍』（教育出版、二〇〇一年）
大石学『首都江戸の誕生―大江戸はいかにして造られたのか―』（角川選書、二〇〇二年）
大石学編『日本の時代史16・享保改革と社会変容』（吉川弘文館、二〇〇三年）
大石学『大岡忠相』（人物叢書、吉川弘文館、二〇〇六年）
大石学編『近世藩制・藩校大事典』（吉川弘文館、二〇〇六年）
大石学『江戸の教育力―近代日本の知的基盤―』（東京学芸大学出版会、二〇〇七年）
大石学『元禄時代と赤穂事件』（角川選書、二〇〇七年）
大石学編『江戸幕府大事典』（吉川弘文館、二〇〇九年）
大石学『江戸の外交戦略』（角川選書、二〇〇九年）
大石学『徳川吉宗―日本社会の文明化を進めた将軍―』（日本史リブレット人、山川出版社、二〇一二年）
大石学『時代劇の見方・楽しみ方―時代劇とリアリズム―』（吉川弘文館、二〇一三年）
大石学編『徳川歴代将軍事典』（吉川弘文館、二〇一三年）
大石学『敗者の日本史16・近世日本の勝者と敗者』（吉川弘文館、二〇一五年）
大石学「第3章近世」（中公新書編集部編『日本史の論点』中公新書、二〇一八年）

はじめに　モデル「喪失」と「創出」の時代

朝尾直弘編『近世の日本1・世界史のなかの近世』（中央公論社、一九九一年）
芳賀徹『文明としての徳川日本』（筑摩選書、二〇一七年）
尾藤正英『江戸時代とは何か』（岩波書店、二〇〇六年）

Ⅰ　日本史の転換点―「神仏」「自然」「戦争」から「文明」へ―

網野善彦『無縁・公界・楽―日本中世の自由と平和―』（平凡社、一九七八年）
池上裕子『日本の歴史13・織豊政権と江戸幕府』（講談社、二〇〇二年）
江戸遺跡研究会編『江戸の開府と土木技術』（吉川弘文館、二〇一四年）
勝俣鎮夫『戦国時代論』（岩波書店、一九九六年）
藤木久志『豊臣平和令と戦国社会』（東京大学出版会、一九八五年）
藤木久志『刀狩り―武器を封印した民衆―』（岩波新書、二〇〇五年）
松平太郎『校訂江戸時代制度の研究』（武家制度研究会、一九一九年）
水江蓮子『家康入国』（角川書店、一九九二年）

Ⅱ　「平和」の浸透―首都江戸と官僚システム―

荒野泰典『近世日本と東アジア』（東京大学出版会、一九八八年）
大石慎三郎『元禄時代』（岩波新書、一九七〇年）
北島正元『近世史の群像』（吉川弘文館、一九七七年）
佐々木潤之介『日本の歴史15・大名と百姓』（中央公論社、一九七四年）

塚本学『生類をめぐる政治—元禄のフォークロア—』(平凡社、一九八三年)
速水融他編『日本経済史I・経済社会の成立』(岩波書店、一九八八年)
深井雅海『江戸城—本丸御殿と幕府政治—』(中公新書、二〇〇八年)
深谷克己『大系日本の歴史9・士農工商の世』(小学館、一九八八年)
深谷克己『百姓成立』(塙書房、一九九三年)
村井益男『江戸城』(中公新書、一九六四年)

Ⅲ　吉宗と国家再編—「統治」と「危機管理」—

大石慎三郎『日本の歴史20・幕藩制の転換』(小学館、一九七五年)
笠谷和比古『徳川吉宗』(ちくま新書、一九九五年)
高埜利彦『日本の歴史13・元禄・享保の時代』(集英社、一九九二年)
深井雅海『日本近世の歴史3・綱吉と吉宗』(吉川弘文館、二〇一二年)
藤井譲治『江戸時代の官僚制』(青木書店、一九九九年)

Ⅳ　「文化力」「教育力」とリテラシー—日本型文明の成熟—

青木美智男『日本の歴史別巻・近世庶民文化史・日本文化の原型』(小学館、二〇〇九年)
植松忠博『士農工商—儒教思想と官僚支配—』(同文館、一九九七年)
大石慎三朗『田沼意次の時代』(岩波書店、一九九一年)
竹内誠編『日本の近世14・文化の大衆化』(中央公論社、一九九三年)
竹内誠『江戸の盛り場考・浅草・両国の聖と俗』(教育出版、二〇〇〇年)

辻善之助『田沼時代』（岩波文庫、一九八〇年）
中野三敏『江戸文化評判記』（中公新書、一九八七年）
藤田覚『日本近世の歴史4・田沼時代』（吉川弘文館、二〇一二年）
丸山真男『日本政治思想史研究』（東京大学出版会、一九五二年）
源了圓『徳川合理思想の系譜』（中公叢書、一九七二年）

V　大奥ファーストレディとキャリアウーマン

畑尚子『江戸奥女中物語』（講談社現代新書、二〇〇一年）
鈴木由紀子『大奥の奥』（新潮新書、二〇〇六年）
山本博文『将軍と大奥』（小学館、二〇〇七年）
竹内誠他編『徳川「大奥」事典』（東京堂出版、二〇一五年）

おわりに　江戸の権力構造―分散と下降と―

笠谷和比古『主君「押込」の構造』（平凡社、二〇〇六年）
竹内誠監修『外国人が見た近世日本・日本人再発見』（角川学芸出版、二〇〇九年）
辻達也編『日本の近世2・天皇と将軍』（中央公論社、一九九一年）
渡辺京二『逝きし世の面影』（平凡社、二〇〇六年）

初出一覧

はじめに　モデル「喪失」と「創出」の時代（「モデル「喪失」と「創出」の時代に向けて」）⇒新稿

Ⅰ　日本史の転換点―「神仏」「自然」「戦争」から「文明」へ―

1　家康はなぜ江戸を選んだのか（「江戸　百万都市のらせん」『ＥＰＴＡ』67号、二〇一四年）

2　江戸日本 Edo Japan の開幕（「転換期の将軍―家康と吉宗―」『家康・吉宗・家達』徳川記念財団、二〇〇八年）

3　時代劇のフィクションと江戸のリアル（『講演録・江戸の村と教育力』杉戸町教育委員会編、二〇一五年）

4　シュリーマンも驚嘆した「平和」と「文明」（「「徳川の平和」と江戸の教育・テクノロジー」『碧い風』84号、中国電力株式会社、二〇一五年）

5　花開く江戸テクノロジー（同前）

6　モダン（近代）へと向かう時代（「江戸幕府とアーカイブズ」『会報』第5号、埼玉県地域史料保存活用連絡協議会、二〇〇九年）

Ⅱ　「平和」の浸透―首都江戸と官僚システム―

1　愚かなるはひとりもなし―兵農分離とリモート行政―（「江戸幕府とアーカイブズ」『会報』第5号、埼玉県地域史料保存活用連絡協議会、二〇〇九年）

2　「首都」江戸と「首都圏」多摩・武蔵野（「多摩と江戸」『フォーラム　江戸・東京の礎―多摩と玉川上水』東京雑学大学学報、52号、二〇一四年）

3　江戸市中から眺める富士の絶景（「江戸の人々にとっての富士山」『富嶽三十六景で学ぶ江戸に栄えた町人文化』ＮＨＫエデュケーショナル、二〇一三年）
4　家康の遺骸はどこにあるのか―聖地日光と社参―（「講演録・聖地日光と社参」『しもつけ21フォーラム』二〇一五年）
5　国民統合のイベント　日光社参（「徳川将軍家と日光社参」『日光社参ウォーク記念誌』下野新聞社営業局、二〇一五年）
6　刀を抜かない武士たち（「講演録・江戸幕府とアーカイブズ」埼玉県地域史料保存活用連絡協議会『会報』第5号、二〇〇九年）

Ⅲ　吉宗と国家再編―「統治」と「危機管理」―

1　転換期の将軍―吉宗の国家再編―（「転換期の将軍―家康と吉宗―」『家康・吉宗・家達』徳川記念財団、二〇〇八年）
2　国際化する吉宗（「転換期の将軍―家康と吉宗―」同前）
3　官僚システムの整備―低成長時代の享保改革―（「江戸幕府とアーカイブズ」埼玉県地域史料保存活用連絡協議会『会報』第5号、二〇〇九年）
4　官僚制を支えた公文書（「江戸幕府とアーカイブズ」（同前）
5　増えすぎた公文書―「漉き返し」「反故調べ」―（同前）
6　官僚制の監察官（「新しい江戸のイメージ―封建制からアーリーモダンへ―」（一般社団法人監査懇話会『会報』６１２号、二〇一九年）
7　大岡政談はフィクションだった（「江戸の名官僚　大岡越前守忠相」『朝日生命経営情報マガジン　二〇〇五年九月号』）

Ⅳ　「文化力」「教育力」とリテラシー―日本型文明の成熟―

1　新興派閥のエリート　田沼意次（「名宰相は時代劇の悪役？　田沼意次」『朝日生命経営情報マガジン　二〇〇六年一二月号』）

2　江戸ブランド野菜の誕生―小松菜、谷中生姜、練馬大根―（「百万都市「江戸」の発展と周辺農村」『フォーラムＪＡ教育文化』96号、社団法人家の光協会、二〇〇八年）
3　列島規模での教育熱（「江戸教育の底力」『図説　江戸・幕末の教育力』洋泉社、二〇一三年）
4　「国都」江戸と「新都」名古屋―北斎の芸術活動の拠点―（「「国都」江戸と「新都」名古屋―北斎芸術活動の歴史的基盤―」『展示図録・大ダルマ制作二〇〇年記念・パフォーマー北斎―江戸と名古屋を駆ける―』二〇一七年）
5　最も教育の進んだ国民―来日外国人の見た幕末―（「江戸幕府とアーカイブズ」『会報』第5号、埼玉県地域史料保存活用連絡協議会、二〇〇九年）

Ⅴ　大奥ファーストレディとキャリアウーマン

1　官僚的な大奥組織（「篤姫の大奥」『ラジオ深夜便99』二〇〇八年一〇月号、ＮＨＫサービスセンター）
2　大奥の世界（『2020年度秋の特別展図録・昭和女子大学創立100周年記念・徳川将軍家を訪ねて―江戸から令和へ―』昭和女子大学光葉博物館、二〇二〇年）
3　武家出身の将軍家正室（「徳川将軍家ゆかりの女性たち」『徳川将軍家ゆかりの女性』徳川記念財団、二〇〇八年）
4　宮家・公家出身の将軍家正室（同前）
5　島津家・天皇家出身の将軍家正室（同前）
6　天璋院篤姫の婚礼（「篤姫と大奥」『ＮＨＫ大河ドラマ歴史ハンドブック・篤姫』日本放送出版会、二〇〇八年）
7　天璋院篤姫と大奥（同前）
8　大奥アーカイブズの追究（「江戸幕府とアーカイブズ」（前出、埼玉県地域史料保存活用連絡協議会『会報』第5号）
おわりに　江戸の権力構造―分散と下降と―（大石学『近世の統治と改革』Ⅲ章、吉川弘文館、二〇一三年）

あとがき

前著『新しい江戸時代が見えてくる―「平和」と「文明化」の二六五年―』（吉川弘文館）を刊行してから、七年が過ぎた。本書は、この間に、執筆したものや、講演・インタビューを活字化したもので構成した。おりおりの依頼にもとづくものであるため、重複部分が多く、文体・表記などの不統一も見られた。本書収録にあたっては、大幅に調整・整理、改稿したが、いまだ十分とは言えず、おわびしたい。また、一般書という性格から、参考文献の文中表記は省略し、巻末に付した。ご参照いただければ幸いである。

この間、前著の主張であった「近代を準備する近世」「近代と連続する近世」との考えに変化はなかった。本書の書名「今に息づく江戸時代」は、この主張に因むものであり、掲載の図版に、現在の写真を多く収録したのも、こうした考えにもとづいている。

また、サブタイトルも、前著が「平和」と「文明化」をキーワードとして、江戸時代を見通すことを示したのに対し、本書はこれを深めるかたちで、「首都」「官僚」「教育」をキーワードとした。すなわち、「首都」は、近代日本の首都東京の歴史的前提となる都市江戸の発展を、首都性・首都機能の整備強化過程としてとらえることを示すものである。つぎに「官僚」は、鎌倉・室町時代の自立的・自律的な武士が自由に武力を発動したのに対して、江戸時代の武士が勝手な武器使用・武力行使を禁じられた「官僚」へと変質し、行政にかかわったことに注目した。そのさい、彼ら官僚化した武士が、法と公文書にもとづく幕府や藩の行政を展開したことを記した。さらに「教育」は、国民のリテラシー向上により、武力・暴力による問題解決が排除され、社会の文明化を促し、長期の「平和」を基礎づけたことを記した。

前著と本書は、従来の未開で抑圧的な「江戸イメージ」とは異なる、合理化・文明化の時代という新たな「江戸イメージ」を示したものである。この違いは、明治維新の新たな意義の発見にもつながる。それは、明治維新が、江戸社会を旧体制（アンシャンレジーム）として放擲したのではなく、「首都」「官僚」「教育」など江戸時代の国家・社会の発展の上に達成されたというものである。

今日、西洋文明は、グローバリゼーションの波に乗り地球を覆いつつある。この波は同時に、国際的緊張、地域間格差、資源エネルギー・環境問題、大規模災害・パンデミックなど、地球規模の重大な危機を惹起している。

こうした歴史的環境のなか、一国規模で長期の「平和」と「文明化」を実現し、しかも当時来日した多くの外国人たちが高く評価した江戸時代を考察する意義は、ますます大きくなっている。私たちは、江戸時代に対して、より強い関心をもつべき、と思うのである。

さて、二〇一九年、私は東京学芸大学を定年退職し、独立行政法人日本芸術文化振興会に就職した。振興会では、大学のアカデミックな研究室とは異なる環境のもとで、文化行政の一端にかかわっている。この新しい環境のもと、私と江戸文化との距離は一気に縮められた。すなわち、歌舞伎、文楽、能、狂言、落語、太神楽、浄瑠璃、歌舞音曲、その他さまざまな古典芸能が身近になり、現代社会のさまざまなシーンに、江戸の社会や庶民生活が、具体的かつリアルに息づいていることを日々体感するようになったのである。本書は、こうした体験をふまえた研究成果でもある。

なお、本書編集にあたっては、前著につづき吉川弘文館編集部の高尾すずこさんにお世話になった。高尾さんには、初出文章の整理、章立てから編集作業全般にわたって大変なご苦労をおかけした。末筆ながら、記して謝意を表する次第である。

二〇二一年四月

大石　学

著者略歴

一九五三年　東京都に生まれる
一九七六年　東京学芸大学卒業
一九七八年　東京学芸大学大学院修士課程修了
一九八二年　筑波大学大学院博士課程単位取得退学
現在　東京学芸大学名誉教授

〔主要編著書〕

『享保改革の地域政策』（吉川弘文館、一九九六年）
『近世国家の権力構造―政治・支配・行政―』（岩田書院、二〇〇三年、編著）
『近世公文書論』（岩田書院、二〇〇八年、編著）
『近世日本の統治と改革』（吉川弘文館、二〇一三年）
『近世首都論―都市江戸の機能と性格―』（岩田書院、二〇一三年、編著）

今に息づく江戸時代
―首都・官僚・教育―

二〇二一年（令和三）七月十日　第一刷発行

著者　大《おお》石《いし》学《まなぶ》
発行者　吉川道郎
発行所　株式会社　吉川弘文館
郵便番号一一三―〇〇三三
東京都文京区本郷七丁目二番八号
電話〇三―三八一三―九一五一〈代〉
振替口座〇〇一〇〇―五―二四四番
http://www.yoshikawa-k.co.jp/

印刷＝藤原印刷株式会社
製本＝株式会社 ブックアート
装幀＝黒瀬章夫

ISBN978-4-642-08401-7